Para

com votos de paz.

DIVALDO FRANCO
Pelo Espírito JOANNA DE ÂNGELIS

OTIMISMO

Salvador
12. ed. – 2022

©(1983) Centro Espírita Caminho da Redenção – Salvador, BA.
12. ed. (1ª reimpressão) – 2022
700 exemplares (milheiros: 60.700)

Revisão: Luciano de Castilho Urpia
       Lívia Maria Costa Sousa
Editoração eletrônica: Ailton Bosco
Capa: Cláudio Urpia
Coordenação editorial: Lívia Maria Costa Sousa
Produção gráfica:
      LIVRARIA ESPÍRITA ALVORADA EDITORA
      Telefone: (71) 3409-8312/13 – Salvador (BA)
      Homepage: www.mansaodocaminho.com.br
      E-mail: <leal@cecr.com.br>

Dados Internacionais de Catalogação na Publicação (CIP)
(Catalogação na fonte)
Biblioteca Joanna de Ângelis

F825   FRANCO, Divaldo Pereira.
       Otimismo. 12. ed. / Pelo Espírito Joanna de Ângelis
[psicografado por] Divaldo Pereira Franco. Salvador: LEAL,
2022.
       232 p.
       ISBN: 978-85-8266-148-2
       1. Espiritismo 2. Psicografia 3. Otimismo
       4. Reflexões morais I. Franco, Divaldo II. Título

CDD: 133.93

Maria Suely de Castro Martins – Bibliotecária – CRB-5/509

DIREITOS RESERVADOS: todos os direitos de reprodução, cópia, comunicação ao público e exploração econômica desta obra estão reservados, única e exclusivamente, para o Centro Espírita Caminho da Redenção. Proibida a sua reprodução parcial ou total, por qualquer meio, sem expressa autorização, nos termos da Lei 9.610/98.

Impresso no Brasil
Presita en Brazilo

SUMÁRIO

Otimismo		*7*
1.	Convite a Jesus	11
2.	Como oras?	13
3.	Imposição das mãos	17
4.	Visão e discernimento	21
5.	Investir ao máximo	25
6.	A "coroa incorruptível"	29
7.	Recursos desobsessivos	33
8.	Considerando a liberdade	37
9.	Tolerância e negligência	41
10.	Vencendo a morte	45
11.	Podes, se queres	49
12.	Revolução interior	53
13.	Em função do amor	57
14.	Tua quota	61
15.	Reencarnação e olvido	65
16.	As asas da libertação	69
17.	Ingratidão	71
18.	Programa de elevação	75
19.	Conceitos e ação	79
20.	Restauração na fé	83
21.	Aprendizado valioso	87
22.	Condições da paz	91
23.	Ociosidade	95
24.	Alegria dinâmica	99
25.	Gravame cruel	103
26.	Sob sombras e dores	105
27	Cizânia perigosa	107

28. Dando-se conta — 111
29. Considerando a coragem — 113
30. Os desígnios de Deus — 117
31. Cansaço e extenuamento — 119
32. Fanatismo — 123
33. A força do ideal — 127
34. Em torno da felicidade — 131
35. Condições essenciais — 135
36. Porto de segurança — 139
37. Perante a paz — 143
38. Pregando sempre — 147
39. Compreensão fraternal — 151
40. Mansidão e piedade — 153
41. Avareza e má vontade — 155
42. Ascensão espiritual — 159
43. Vitória final — 163
44. Filhos alheios — 167
45. Sem fadiga nem desânimo — 171
46. Agastamento — 175
47. Lição difícil — 179
48. Além do corpo — 183
49. Ansiedade — 187
50. Informação plenificadora — 191
51. Vitórias amargas — 195
52. Fantasias mediúnicas — 199
53. Sintonia na mediunidade — 203
54. Ação e trabalho — 207
55. Amor e caridade — 209
56. No rumo do alvorecer — 213
57. Vida em família — 217
58. Não está aqui — 221
59. Momento de gratidão — 225
60 Insuperável amor — 229

OTIMISMO

Embora a tendência pessimista dos epicureus e estoicos, os racionalistas, como Sócrates e Platão, fizeram prevalecer a filosofia otimista, na antiguidade, que demonstrava ser o mundo um todo perfeito e harmonioso, no qual tudo se encontrava cuidadosamente organizado para a satisfação das necessidades do homem.

A Idade Média cristã levantou, porém, a ideia pessimista, estabelecendo ser a Terra "um vale de lágrimas", onde dominam o sofrimento e a infelicidade.

Posteriormente, no Renascimento, surgiu nova conceituação, fazendo predominar a atitude positiva que Leibnitz referenciou quando proferiu a frase que se celebrizou: "O melhor dos mundos possíveis", chegando a um sentido absolutista, por afirmar que este existe realmente, sem qualquer certeza sobre a existência de outros.

Fénelon, por sua vez, numa ideação relativa, propôs que o mundo não é absolutamente bom, porquanto o mal nele se apresenta sob formas mui variadas. Fez, todavia, a conclusão de que, apesar disso, o bem é superior ao mal, assim triunfando.

Leibnitz não considerava os detalhes, mas sim o conjunto, enquanto Fénelon não desconsiderava as particularidades no todo, detendo-se na sua análise.

O século XIX ofereceu duas correntes, representadas, respectivamente, por Schopenhauer – que ressuscitou o pessimismo ancestral – e Nietzsche, e com os utopistas e os socializantes que restabeleceram a confiança otimista no futuro...

Já no século atual, essa confiança declinou, quando os antiutópicos, quais Huxley, Orwell e outros, trouxeram de volta o pessimismo.

A filosofia espírita, todavia, não negando os valores do mundo para a felicidade do homem, afirma a conduta otimista como forma de lograr a excelência do bem e viver a paz.

Demonstrando que o mal é transitório e tem um objetivo modelador para impelir na direção do bem, elimina as colocações fatalistas, destruidoras, por demonstrar a sobrevivência à morte, a terapia reencarnacionista em função educadora e a supremacia da Justiça perfeita.

Há muita crise no mundo moderno, sem dúvida, decorrente de inumeráveis razões ancestrais e hodiernas, que estão dementando as coletividades e levando as criaturas ao desespero.

Dentre todas, ressalta, porém, uma de maior gravidade, talvez, ou por certo, a geradora das demais, que é a crise de amor.

A inversão de valores por uma sociedade momentaneamente consumista e utilitarista responde pelo imediatismo do prazer, em detrimento das aspirações mais nobres, mediatas e duradouras.

Graças a tal comportamento, as paixões dissolventes assumem proporções inesperadas, campeando em avalanche assustadora, a prejuízo do próprio homem.

Na volúpia a que este se entrega, usa os demais, na condição de parceiros, sem amor, como objetos para a satisfação pessoal, quando poderia vivê-los, na ternura, em largos intercâmbios de afetividade. Em decorrência, campeia o pessimismo, vitorioso, abraçado à delinquência e ao desespero.

Reunimos, neste volume, sessenta temas da atualidade, examinando-os sob o ponto de vista da filosofia espírita, portanto, da doutrina cristã.

Várias destas mensagens foram publicadas, oportunamente, em folhetos ou em órgãos da imprensa espírita como da leiga, aqui reaparecendo em conjunto, num convite otimista a quantos aspiram a uma vida melhor.

Não temos a pretensão de trazer soluções simplistas aos magnos problemas humanos, senão apresentar sugestões que muitos já conhecem, porém esqueceram ou não valorizaram devidamente e que são o resultado de demoradas reflexões e estudos das situações apresentadas como a forma feliz que encontramos para manter-se o equilíbrio e crescer-se em paz íntima.

Confiando que elas atenderão algumas necessidades espirituais e consolarão muitos sentimentos atormentados, rogamos ao Senhor da Vida a todos nos abençoar.

Salvador, 21 de maio de 1983.
JOANNA DE ÂNGELIS

1

Convite a Jesus

Aqueles eram dias de rapina e agressividade, repletados de miséria e dor.

A fauce hiante das guerras sucessivas devorava os homens e as nações que lhes tombavam inermes.

Enxameavam o ódio e a traição apequenando as criaturas estigmatizadas pela volúpia das ambições desmedidas, na caça ilusória do prazer e do poder...

Nesse período áspero da Humanidade, inauguraste, Jesus, com a Tua chegada, um ciclo novo, em que o amor se candidatava a dirimir as dificuldades e conduzir os ideais enobrecedores do homem com segurança.

Elegeste a simplicidade e desataviaste as criaturas dos supérfluos artefatos da loucura e da insensatez.

Pontificaste no respeito ao dever e amaste até ao sacrifício da própria vida, restabelecendo a esperança nos corações, demonstrando a vitória do Espírito após a morte, num amanhecer que deveria clarear, em definitivo, os destinos da Humanidade.

O Teu Natal fez-se, então, marco inconfundível dos tempos e ainda significa a mais elevada oferenda de amor que o mundo conhece, ao permutares o velário estrelado do Cosmo pelo vale sombrio e ingrato da Terra...

Os séculos se sucederam, e, não obstante recordado, os homens não repetem, pelo exemplo, as Tuas insuperáveis lições.

Homenageiam-Te no exterior, mas não auxiliam o próximo que Te representa no mundo.

Cantam-Te as glórias, no entanto, não agem conforme ensinaste...

E ante as dores que se renovam, rudes e destruidoras, ameaçando as estruturas éticas da civilização, que sofre o impacto da cultura enlouquecida, esquecem-Te milhões de criaturas, iludidas no jogo das aspirações devoradoras.

Volta, Jesus, e repete a noite inesquecível de Natal entre os homens, como há vinte séculos, conduzindo-nos, definitivamente, ao Teu rebanho pelos rumos do futuro.

2

COMO ORAS?

A oração é recurso iluminativo de que todos nos devemos utilizar no transcurso da jornada evolutiva. No entanto, a maioria dos aprendizes das variadas escolas de fé, recorre-lhe ao concurso, objetivando conseguir favores da Vida Mais-alta com os quais se desobrigaria mais facilmente dos seus compromissos de redenção.

Orar é ato de abrir-se a Deus, apresentando-se em estado de receptividade para poder plenificar-se com as superiores inspirações, alimentando-se com as forças que fluem do Seu Amor.

Jesus ensinou-nos, na prece dominical – a oração perfeita –, a louvar, agradecer e pedir.

Na singeleza e profundidade da sua formulação, encontram-se expressos os mais importantes anseios do homem e as raízes vigorosas da sua origem, que são exaltadas em cântico de graças ao Criador. Entretanto, repetidas vezes, o Mestre nos conclamou a rogar auxílio, apoio e orientação.

João, no capítulo dezesseis, versículo vinte e quatro do Evangelho, anotou esta sábia assertiva, que merece ser meditada, informando: "Até agora, nada pedistes em meu nome; pedi, e recebereis, para que o vosso gozo se cumpra".

Há pessoas que se apresentam desiludidas com o resultado das suas orações, em face das respostas recebidas.

Rogaram tranquilidade e viram-se a braços com lutas continuadas.

Pediram saúde e as enfermidades se sucederam no lar.

Solicitaram comodidades e foram conduzidas a problemas e testemunhos.

Apresentaram planos de riqueza e eles foram dissolvidos, renteando com as necessidades mais ásperas.

Propuseram construir um ninho de ternura e receberam animosidades e asperezas.

Afervoraram-se nas preces e a morte não foi impedida de entrar-lhes no recinto doméstico, roubando-lhes entes queridos.

Resolveram deixar de elevar-se nas rogativas, porque os resultados foram decepcionantes e dolorosos...

❉

O Pai não se nos apresenta, porém, como um servo que deve atender as paixões subalternas dos enganados filhos terrestres.

As respostas, aparentemente diversas, dos pedidos insensatos, constituem prova do Supremo Amor, que atende conforme é de melhor para o peticionário e não de acordo com o capricho deste.

Quem anela por tranquilidade, que se não recuse à peleja.

Quem deseja saúde, que produza bens do espírito, superando os desajustes orgânicos.

Quem aspira a comodidades, que estabeleça um programa de harmonia íntima.

Quem busca riquezas, que entesoure paz no coração e sabedoria na conduta.

Quem procura afeto, que desdobre os valores morais no campo do amor sem fronteira.

Quem confia na vida, jamais se rebele com a transitória mudança física ante a presença da morte.

Orar é dispor de entendimento para compreender e aceitar a divina vontade que nos impele ao crescimento espiritual, fazendo-nos galgar os degraus da evolução com passo firme e sentimento renovado.

Quando te entregares à bênção da prece, observa o que pedes, como pedes e para que pedes.

Nem tudo quanto te parece bom, representa o melhor para ti.

Verifica se o que solicitas constitui uma necessidade legítima para o teu ser imortal, ou uma aspiração vaidosa para a tua apresentação no mundo.

Não imponhas o teu querer como se o Senhor tivesse obrigação de servir-te.

Abre-Lhe a alma com humildade e confia no resultado da tua rogativa.

Acima de tudo, observa para que desejas aquilo cuja falta te atormenta e, desde que se prenda ao quadro dos valores *terra a terra* que ficarão, supera esta inquietação e acalma-te no refrigério da oração, sabendo pedir em nome de Jesus, a fim de que tudo quanto te seja concedido se transforme em plenitude e gozo.

3

IMPOSIÇÃO DAS MÃOS

Quando nos identificamos com o pensamento do Cristo e nos impregnamos da Mensagem de que Ele se fez Messias, sempre temos algo que dar, em Seu nome, àqueles que se nos acercam em aflição.

Dentre os recursos valiosos de que podemos dispor em benefício do nosso próximo, destaca-se a "imposição das mãos" em socorro da saúde alquebrada ou das forças em deperecimento.

A recuperação de pacientes portadores de diversas enfermidades estava inclusa na pauta das tarefas libertadoras de Jesus.

De acordo com a gênese do mal de que cada necessitado se fazia portador, Ele aplicava o concurso terapêutico, restabelecendo o equilíbrio e favorecendo com a paz.

"Impondo as mãos" generosas, cegos e surdos, mudos e feridos renovaram-se, tornando ao estado de bem-estar anterior.

Estimuladas pela força invisível que Ele transmitia, as células refaziam-se, restaurando o organismo em carência.

Com o Seu auxílio, os alienados mentais eram trazidos de volta à lucidez e os obsidiados recobravam a ordem psíquica, em face da expulsão dos Espíritos atormentadores que os maltratavam.

Estáticos e catalépticos obedeciam-Lhe a voz, quando chamados de retorno.

Esse ministério, porém, que decorre do amor, Ele nos facultou realizar, para que demos prosseguimento ao Seu trabalho entre os homens sofredores do mundo.

※

Certamente não nos encontramos em condições de conseguir os feitos e êxitos que Ele produziu. Sem embargo, interessados na paz e renovação do próximo, é-nos lícito oferecer as possibilidades de que dispomos, na certeza de que os nossos tentames não serão vãos.

Jesus conhecia o passado daqueles que O buscavam, favorecendo-os de acordo com o merecimento de cada um. Outrossim, doando misericórdia de acréscimo, mediante a qual os beneficiados poderiam conquistar valores para o futuro, repartindo os bens da alegria, estrada afora, em festa de corações renovados.

Colocando-se, o cristão novo, à disposição do bem, pode e deve "impor as mãos" nos companheiros desfalecidos na luta, nos que tombaram, nos que se encontram aturdidos por obsessões tenazes ou desalinhados mentalmente...

Ampliando o campo de terapia espiritual, podemos aplicar sobre a água os fluidos curadores que revitalizarão os campos vibratórios desajustados naqueles que a sorverem, confiantes e resolutos à ação salutar da própria transformação interior.

Tal concurso, propiciado pela caridade fraternal, não só beneficia os padecentes em provas e expiações redentoras, como ajuda aqueles que se aprestam ao labor, em razão destes filtrarem as energias benéficas que promanam da Espiritualidade através dos mentores desencarnados, e que são canalizadas na direção daqueles necessitados.

É compreensível que se não devam aguardar resultados imediatos, nem efeitos retumbantes, considerando-se a distância de evolução que medeia entre o Senhor e nós, máxime na luta de ascensão e reparação dos erros conforme nos encontramos.

Ninguém se prenda, nesse ministério, a fórmulas sacramentais ou a formas estereotipadas, que distraem a mente que se deve fixar no objetivo do bem e não na maneira de expressá-lo.

Toda técnica é valiosa quando a essência superior é preservada.

Assim, distende o passe socorrista com atitude mental enobrecida, procurando amparar o irmão agoniado que te pede socorro.

Não procures motivos para escusar-te.

Abre-te ao amor e o amor te atenderá, embora reconheças as próprias limitações e dificuldades em cujo campo te movimentas.

Dentre muitos que buscavam Jesus, para o toque curador, destacamos a força de confiança expressa no apelo a que se refere Marcos, no capítulo cinco, versículo vinte e três do Evangelho: *"E rogava-Lhe muito, dizendo: — Minha filha está moribunda; rogo-Te que venhas e lhe imponhas as mãos para que sare e viva"*.

Faz, portanto, a "imposição das mãos", com o amor e a "fé que remove montanhas", em benefício do teu próximo, conforme gostarás que ele faça contigo, quando for tua a vez da necessidade.

4

VISÃO E DISCERNIMENTO

Generaliza-se a cegueira humana, que se transforma em calamidade de grave porte.

Responsabilidades morais, profissionais, sociais e humanas sofrem marginalização, enquanto o homem, ansioso e aturdido, procura guindar-se às altas posições na comunidade, sem importar-se com os meios de que se utiliza para culminar seus projetos ambiciosos.

Importam-lhe os triunfos exteriores que lhe projetam o nome e a personalidade, os lucros excessivos de que se não utilizará, enquanto a escassez se espraia em sua volta.

Acumulam-se tesouros sobre situações sociais de precária estabilidade e o medo estabelece suas injunções, produzindo estados ansiosos, temerários.

Desperdiçam se somas vultosas que podem salvar vidas, em campeonatos de ostentação enferma, negando-se pão e trabalho a multidões que deperecem e se revoltam nos guetos de sofrimentos coletivos.

Interesses subalternos recebem apoio em detrimento de realizações nobilitantes, desmerecendo a luta pelos valores de engrandecimento.

Mercantilizam-se as profissões a ponto de não terem acesso aos seus benefícios os que deles mais necessitam: os espoliados, os doentes, os sofredores e necessitados de toda forma, que se tornam mais carentes, mais submissos e mais revoltados.

As estruturas éticas fazem-se permissivas e o prazer comanda as sensações mais fortes, relegando-se a plano secundário as emoções que acalmam e impulsionam o progresso.

Sem dúvida, há uma cegueira da alma humana que domina os arraiais da sociedade, tornando-se mais grave e penosa, porque muitos são "cegos que não querem ver".

❊

Constituído de instinto e razão, o homem tem o dever de controlar os seus impulsos agressivos e superar as suas paixões inferiores.

Fadado ao bem, o seu é o rumo da libertação das imposições primitivas que ainda lhe comandam a existência, vencendo com decisão os apelos que o brutalizam, mediante a autoiluminação que o tranquiliza.

A educação, a cultura, a arte, a fé constituem-lhe preciosos recursos para que alcance a meta da Vida imperecível sem amarras nem dependências com a retaguarda.

Não se liberando dessas cadeias retentivas, ele vê a luz, mas não se ilumina; identifica o amor, porém não o alcança; percebe o dever, no entanto não o incorpora aos atos; descobre o valor do bem, todavia a ele não se entrega.

A cegueira da razão fá-lo bracejar com os apelos dos instintos que, atendidos, lhe entorpecem os centros do discernimento, retardando-lhe a marcha.

Amolentado nos gozos, retorna, psiquicamente, às faixas primeiras do processo de evolução, gerando inenarráveis sofrimentos para ele próprio, quando se lhe imporá a necessidade inevitável do despertamento.

❀

O cego de Jericó, apresentado por Lucas no capítulo dezoito, versículo quarenta e um do Evangelho, é o exemplo magnífico de como o homem deve saber o que lhe é mais importante na vida e como lutar para consegui-lo.

Rogando a Jesus que o ajudasse, o Mestre lhe perguntou:

— *Que queres que eu te faça?*

— Senhor, que eu veja! – respondeu, confiante, recuperando a visão que lhe foi restituída pelo Amigo e Benfeitor.

Nada lhe era mais importante do que a claridade visual. Sem ela tudo se lhe tornava secundário, quase sem valor.

Ver para discernir.

Discernir para atuar.

Atuar para encontrar-se.

Sem saber o rumo por onde segue, o indivíduo se perde, e, desorientado, age erradamente.

❀

Acende, desse modo, a claridade do bem na tua alma e deixa-te conduzir pela sua luz.

No tumulto ou na solidão, em júbilo ou na dor, no trabalho ou no repouso discernirás o que deves do que não te cumpre realizar, porque então já vês.

5

Investir ao máximo

Investe em vidas, fazendo a melhor aplicação dos teus recursos de amor que se multiplicarão através dos tempos, permanecendo depois que passes.

Deposita os teus mais expressivos bens na programática da tua própria vida, a fim de que permaneças em paz, após o decesso carnal.

Os demais investimentos que dão rendas materiais, facilmente se corrompem, muitas vezes vitimando aqueles que os movimentam.

As aplicações espirituais se renovam em valores imperecíveis que substituem os referentes às quinquilharias da vacuidade terrena.

Sem desprezarmos os meios de crescimento humano e social, financeiro e cultural na presente conjuntura física do planeta, todos eles valiosos, desde que se transformem em recursos em vez de cadeias douradas, não podemos esquecer o significado profundo das realidades que vitalizam o Espírito.

Os recursos materiais têm finalidade específica, na condição de meio para as realizações a que o ser espiritual se propõe.

Não raro, porém, os jogos das paixões mais violentas entorpecem os sentimentos e obscurecem a razão dos mordomos das coisas, fazendo-os derrapar em alucinações e tormentos de largo porte.

As conquistas morais, as aplicações espirituais, dulcificam, mesmo quando se desenvolvem em clima de renúncia e sofrimento.

Há de selecionar, o homem, na sua escala de valores, o que lhe é de melhor e aplicar-se ao mais precioso.

Com propriedade afirmou Jesus que ninguém serve bem a dois senhores sem que a um deles deixe em falta.

❀

O atleta aplica os seus melhores momentos em favor do fanal que busca, privando-se do restante.

O artista se devota, em tempo integral, à beleza que deseja materializar, renunciando às outras coisas.

O musicista e o intérprete dedicam-se com afinco para atingir a culminância, a tudo mais abandonando.

O pesquisador e o cientista afadigam-se na tarefa até colimar os objetivos que perseguem e não se contentam ao lográ-los, porquanto, concluído um ciclo, abrem-se perspectivas dantes não lobrigadas e ora convidativas.

(...) E todos esses labores, por mais respeitáveis e credores de consideração, passam, em razão da sua própria transitoriedade.

Quanto, na Terra, se torna *imortal*, por força mesmo da situação, um dia tomba no olvido, desmorona, desaparece...

Só o Espírito é imperecível.

Todas as suas conquistas, no campo da beleza, da arte, da cultura, da ciência, da sabedoria são-lhe estímulos para vitórias mais amplas.

Eis por que o amor, como investimento em vidas, semeando bênçãos e favorecendo quem o direciona, é o dom eterno que liberta.

Nos dias difíceis em que se vive na Terra, o cristão é convidado a reflexionar antes de agir.

Há os que se aplicam ao prazer e fruem por breve tempo as alucinações que passam, deixando amargura... E há os que renunciam hoje para se alegrarem depois.

Diante da conjuntura que se apresenta, cabe-nos a todos investir em Deus, conseguindo a vitória sobre as próprias paixões.

6

A "COROA INCORRUPTÍVEL"

O homem engenhoso, que se entrega ao afã dos inventos e das conquistas, não se cansa no desempenho das tarefas que abraça.

Planeja e diagrama, constrói e refaz quantas vezes se tornam necessárias até lograr o resultado que persegue.

O artista, vinculado a qualquer ramo da arte, na consecução do ideal da beleza que experimenta no foro íntimo, investe todos os valores até o sacrifício, de modo a atingir a máxima perfeição por que anela.

O operário diligente, quando desempenha um trabalho, esfalfa-se no desiderato, de forma a superar-se cada dia, crescendo no próprio labor.

O atleta físico padece sacrifícios e exercita-se até a exaustão, buscando o máximo desempenho na área a que se afeiçoa como ginasta ou desportista.

O estudante afeiçoado às letras não se detém ante a rica biblioteca dos conhecimentos, lendo palavra a palavra, linha a linha, página a página, livro a livro, arquivando a cultura e a experiência de outros amantes das belas-letras, enriquecendo-se de sabedoria.

Toda ação, para ser executada conforme necessário, exige continuidade e insistência.

No que diz respeito aos valores espirituais, o mecanismo de realização não obedece a outra técnica, senão ao exercício constante e às renúncias compatíveis até que se consubstanciem nos êxitos buscados.

❀

Afirmando e demonstrando a imortalidade da alma, o Espiritismo incita o homem a uma radical mudança de atitude mental, moral e social a respeito da vida.

Oferece uma diferente escala de valores, substituindo os conhecidos padrões elaborados pelo utilitarismo, assim projetando as ambições para outras faixas na realidade além do corpo somático.

Estimula o renascimento dos ideais superiores, arrancando dos escombros do *homem velho* novos componentes que constituem o ser interiormente novo em espírito.

Acalma a criatura, porque a faz desapegada das opiniões e das exigências que se apresentam na ribalta das vãs disputas humanas.

Amplia o quadro das conquistas e faculta uma dinâmica otimista que termina por abençoar com a paz os esforços nobres que empreende.

Não se compadece com a fraqueza moral de que cada qual se diz possuído, fortalecendo-lhe o ânimo e encorajando-o a crescer sem cansaço na busca da meta ideal, que é a perfeição que a vida lhe faculta no processo da evolução.

❀

O apóstolo Paulo, escrevendo aos Coríntios, conforme capítulo nove, versículo vinte e cinco, afirma: "Todo atleta se priva de tudo; mas ele é para obter uma coroa corruptível; nós, por uma incorruptível".

Todo esforço que seja aplicado pelo cristão decidido é significativo, em razão da coroa que o aguarda.

Nesse tentame há de optar entre as transitórias conquistas que adornam e passam e aquela coroa de paz incorruptível, única a permanecer como elemento integrante da felicidade de quem se esforça por conquistá-la.

7

Recursos desobsessivos

A doutrinação dos Espíritos de mente perturbada era uma prática muito comum entre os cristãos primitivos, continuadores naturais das tarefas realizadas por Jesus, que a inaugurou, nos momentosos diálogos que manteve com eles, nos quais ressaltava a Sua superior autoridade, que os submetia ao bem e os libertava do mal que se demorava neles próprios.

Ao entrar, Jesus, na Sinagoga, num sábado, um Espírito inimigo reconheceu-O e exclamou: – "Eu sei quem tu és", como a intimidar o Mestre, antecipando a Sua hora, sendo, porém, rechaçado com a austera reprimenda: – "*Cala-te!*", assim silenciando o adversário da paz.

Em Gadara, um obsesso, em pertinaz subjugação, identificou-O a distância e interrogou: — "Jesus de Nazaré, que tens tu contra nós?" O Senhor observou a truculência dos desencarnados em desalinho mental e inquiriu, por sua vez: — "*Quem és tu?*" – e eles responderam: — "Legião, porque somos muitos os que estamos nele". Não necessitava o Mestre de perguntar, porque o sabia, no entanto, lecionava, desse modo, aos companheiros, a técnica por meio da qual deveriam dialogar com os habitantes sofredores do Além-túmulo. Ante o espanto dos discípulos, Ele determinou: — *"Legião, sai dele, eu te ordeno!"*, e as Entidades perversas, agora atemorizadas, rogaram-Lhe apoio, a fim de não caírem nos *infernos* da consciência ultrajada, padecendo suplícios superlativos.

Descendo do Tabor, o Rabi doutrinou o adversário espiritual do jovem turbado que sofria crises epilépticas, sob sua indução perniciosa, e restituiu a saúde e a paz ao enfermo, dialogando energicamente com o seu perseguidor.

O Senhor não apenas orientava os desencarnados mediante a conversação com eles, mas também com aqueles que O buscavam, sofridos e desorientados, ensinando-lhes a terapia da libertação.

Muito natural, portanto, que os discípulos dessem continuidade ao ministério socorrista nos mesmos moldes nos quais Ele exemplificara.

Em Atos dos Apóstolos, capítulo cinco, versículo dezesseis, anotou Lucas: "E até das cidades circunvizinhas concorria muita gente a Jerusalém, conduzindo enfermos e atormentados por Espíritos imundos, os quais todos eram curados."

❀

Legatária direta dos ensinamentos do Cristianismo, a Doutrina Espírita – "o Consolador Prometido" – vem dando curso à terapêutica desobsessiva, com as mesmas técnicas da igreja primitiva.

As células espíritas são vivas e pulsantes, nas quais os seus membros se desdobram em constantes atividades de beneficência e de trabalho edificante, movimentando recursos em favor do próximo e da comunidade sob a mesma inspiração do Cristo.

Os espíritas repetem hoje o ministério desobsessivo que esteve abandonado por séculos a fio, senão envolto em superstições graves, nas quais a impiedade e a alucinação da ignorância se uniam para impedir o intercâmbio entre os dois planos da vida.

Cientificados da sobrevivência do Espírito à morte corporal, os cristãos novos sabem que a mudança de situação vibratória não produz transformação real em quem se transfere de um para outro estado.

Conforme o comportamento que cultivaram, prosseguem assinalados, os de conduta irregular, pelos gravames decorrentes da consciência em despertamento e do efeito das ações praticadas, vinculando-se aos que ficaram na Terra e com eles sintonizando em razão do próprio passado ou de arbitrariedades assumidas, originando-se processos de intercâmbio psíquico pernicioso, que degeneram em cruéis obsessões.

A terapia do diálogo com esses seres equivocados é de vital importância para a sua recuperação, renovando-se-lhes as áreas de discernimento e razão, enfermos que também são, a fim de se liberarem dos prejuízos que os infelicitam e libertando aqueles que lhes sofrem as atuações deletérias. Outrossim, induz e orienta as suas vítimas a uma mudança de comportamento, mediante a qual se reencontram e avançam pelo rumo do bem com as aspirações superiores postas em prática.

Nem verbalismo infrutífero nos encontros espirituais, tampouco imposições de violência.

Os valores morais, exteriorizando-se no magnetismo da palavra, envolvem os atormentados espirituais e os renovam, oferecendo-lhes nova luz para a compreensão das finalidades superiores da vida.

Os núcleos espíritas não inovaram tal prática, nem realizam técnicas esdrúxulas diante dos obsessos e dos obsessores, apenas repetem a terapêutica de que se utilizavam Jesus e os Seus discípulos para o reequilíbrio psíquico e físico dos enfermos que os buscavam, aliviando-se após o contato com eles.

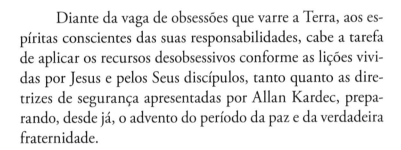

Diante da vaga de obsessões que varre a Terra, aos espíritas conscientes das suas responsabilidades, cabe a tarefa de aplicar os recursos desobsessivos conforme as lições vividas por Jesus e pelos Seus discípulos, tanto quanto as diretrizes de segurança apresentadas por Allan Kardec, preparando, desde já, o advento do período da paz e da verdadeira fraternidade.

8

CONSIDERANDO A LIBERDADE

rdorosos propagandistas da liberdade ateiam o fogo da revolução, propondo a destruição dos impositivos escravagistas, fomentando lamentáveis guerras de extermínio, em cujos campos juncados de cadáveres são hasteadas as bandeiras dos "direitos do homem".

Sinceros lidadores do bem, apiedados da situação dos escravos submetidos a hediondo jugo, por preconceito de cor, de raça, de religião, estimulam os ideais da liberdade, arrojando fora as cangas impiedosas da dominação arbitrária, muitas vezes doando a própria vida em favor da causa que abraçam.

Diplomatas infatigáveis exaurem-se em tentativas de acordos pacíficos, lutando tenazmente para arrancar da servidão povos minoritários e nações esfaceladas pelas lutas intestinas ou alienígenas, restaurando-lhes a liberdade.

Economistas cuidadosos e sociólogos abnegados trabalham afanosamente, conquistando para os diversos povos da Terra a liberdade através do equilíbrio da balança financeira internacional, que ainda padece de monopólios infelizes.

Sanitaristas e profissionais da saúde mergulham nos laboratórios de pesquisa, buscando debelar as causas matrizes das doenças que dizimam multidões, oferecendo-lhes a liberdade de movimento e equilíbrio na conjuntura carnal.

A liberdade real, no entanto, transcende aos fatores e circunstâncias ambientais.

❀

Com sabedoria, ensinou o Mestre: – *"Buscai a verdade e a verdade vos libertará"*.

Somente a perfeita identificação da criatura com o Criador concede àquela a liberdade plena.

Nos países "civilizados", onde os ideais da liberdade levantaram respeitáveis estados democráticos, pululam os escravos das ambições inferiores que menoscabam os direitos do próximo e promovem métodos de abomináveis dependências.

Transitam pelas imensas avenidas do Orbe os dependentes das drogas sob estigmas cruéis.

Movimentam-se milhões de submissos à sexualidade tresvariada, em estados desesperadores.

Multiplicam-se os dependentes de viciações várias às quais se entregam, em marcha inexorável para o suicídio ou a loucura...

Prisioneiros das necessidades dissolventes, não fruem das liberdades humanas; delas se utilizam para mais vitalizarem os caprichos e os condicionamentos a que se jugulam, em alucinadas buscas do prazer extenuante.

❀

Respeita os heróis de todos os povos, que libertaram as pátrias da subjugação externa, sacrificando-se pelo ideal que abraçavam.

Luta, no entanto, pela libertação interior dos algozes que residem no teu mundo íntimo, vencendo com crueldade os teus propósitos superiores.

Livre é todo aquele que ama, serve e crê, não se impondo a ninguém e porfiando no combate da luz contra a treva, que tenta obstaculizar a verdade que liberta para sempre.

(...) E se for necessário dar a vida física, sob qual condição seja, para que a mensagem do Senhor atinja as criaturas do teu caminho, alegra-te e doa-a, porquanto morrendo, nascerás para a vida plena e livre.

9

TOLERÂNCIA E NEGLIGÊNCIA

A pretexto de tolerância, não te facultes a indiferença, derrapando na negligência anestesiante.

Tolera o enfermo, no entanto, labora contra a enfermidade, não lhe dando trégua.

Compreende o tombado nas malhas do erro, não obstante, esforça-te por eliminar as matrizes do desequilíbrio.

Simpatiza com o perturbado, sem embargo, esforça-te por acabar com os fatores que geram a perturbação.

Aceita a incapacidade do teu próximo, todavia, combate com insistência a ignorância.

Apiada-te do infeliz, entretanto, estabelece as linhas de luta contra os germes do infortúnio.

Por toda parte surge a oportunidade de ser vivenciada a lição da tolerância para com os limites e os problemas do próximo. Apesar disso, convém ter-se em mente que a tolerância é sempre melhor para quem a exerce, por propiciar autoburilamento e disciplina no programa da própria evolução.

Aquele a quem se dirige e se doa à tolerância, invariavelmente padece atrofia do sentimento e não se dá conta da chaga moral ou física que o dilacera.

A tolerância, desse modo, é medicação e amparo a quem sofre ou extrapola da atitude correta, nunca, porém, apoio ao equívoco, nem negligência para com o dever.

❀

Pequeno defeito numa peça põe toda a maquinaria em desmantelo.

Singelo equívoco de cálculo e toda uma obra colossal rui.

Inexpressivas brechas na represa ameaçam-lhe a resistência.

Tolerância para com os outros e severidade para consigo mesmo.

No exercício da tolerância, a disciplina deve comparecer ensinando ao trôpego como manter-se de pé; ao caído como levantar-se; ao enfermo como curar-se; ao ignorante como esclarecer-se; ao desorientado como reencontrar o roteiro.

Lição de tolerância e disciplina dá-nos o organismo físico.

Determinado excesso a máquina orgânica supera. O abuso, no entanto, fá-la reagir, corrigindo o infrator.

A vida, que tolera gravames e diatribes, impõe, simultaneamente, a necessidade da corrigenda mediante o impositivo da reencarnação.

Sê tolerante com as falhas alheias, mas não as assimiles, nem sintonizes com os delíquios morais a pretexto de bondade ou gentileza...

❀

Quando Jesus se viu diante da mulher surpreendida em adultério e foi diretamente convocado a pronunciar-se, aplicando a "Lei de Moisés" ou a "Lei de Amor", utilizou-se da misericórdia revestida de sabedoria e por cujo argumento dispersou a multidão.

— *Ninguém te condenou? Eu tampouco te condeno. Vai e não tornes a pecar.*

Não lhe exprobrou o comportamento irregular, é certo, levando-a a desespero maior. Sem embargo, não foi conivente, não concordou com o seu deslize moral, que a ela própria cabia retificar, aduzindo que não reincidisse no erro.

Tolerância sempre. Negligência nunca.

10

VENCENDO A MORTE

A história das Religiões é toda um hino de beleza à vida e de glória à imortalidade, exaltando o enobrecimento dos serviços e ideais de liberdade, em nome da pujança do Amor de Deus.

O Cristianismo, por sua vez, é a saga da sobrevivência, em que o ser espiritual indestrutível, sob qualquer condição considerado, antecede ao corpo e sobrevive ao túmulo.

O atavismo animal que luta em favor do instinto de conservação – bênção de Deus para auxiliar o ser na luta contra o autocídio – responde pelos receios em torno da morte, de que as escolas de pensamento materialista se utilizam para reduzir a realidade do Espírito ao primarismo do nada.

A morte seria, então, uma forma de o homem fugir à responsabilidade moral dos atos, numa atitude escapista que violenta as próprias leis da Natureza, que prescrevem transformações, mutações e modificações nas formas, jamais aniquilamento, portanto, não sendo factível que ao princípio pensante estivesse destinada a destruição...

Indispensável que o homem inteligente, em face do processo natural de crescimento que o ensina a viver, capacite-se para o processo do morrer, e, em consequência, para este inevitável fenômeno.

Desde que ele ocorre, automaticamente, na organização fisiológica, é compreensível que viver significa estar morrendo, daí se depreendendo que morrer é também começar a viver.

❈

O processo da morte dá-se de acordo com os comportamentos fisiológicos e psicológicos de cada criatura, sendo a sua duração de dor, o resultado na luta que a saúde trava contra a invasão da enfermidade, até que a degenerescência dos órgãos estabeleça o anestésico natural que se expressa na paz da própria morte.

As expressões fisionômicas traduzindo dor, os gemidos e estertores não são, no moribundo, uma real significação de sofrimento, mas reações orgânicas naturais, de que o Espírito nem sempre participa, na maioria das vezes encontrando-se semidesligado do veículo em transformação.

Asfixia, síncope e degenerescência dos órgãos expressando razões propiciatórias da morte física, apenas são os meios graças aos quais o Espírito se liberta, mantendo a soberania da sua realidade, tão logo se desprende dos vínculos que o aturdiam no escafandro corporal...

Goethe, no momento final, exclamou: "Mais luz!"

Beethoven, percebendo a hora extrema, bradou: "Eu ouvirei."

Milton, o excelente poeta inglês, à hora máxima do desprendimento, cego que era, explodiu em sorrisos: "Vejo!"

Edison, o grande gênio, despertando de um estado de coma, afirmou: "Há muita beleza lá!"

A galeria das personalidades célebres que recuperaram as faculdades obnubiladas no momento da morte, é grande e comovedora.

São inumeráveis aqueles que tiveram *morte clínica* e, retornando ao corpo, recordaram da liberdade de que se viam objeto, nos momentos em que a consciência cerebral e mesmo o cérebro se encontravam impossibilitados de registros, demonstrando a inteireza de ação, independente do corpo...

Em todos os tempos, volveram à Terra para demonstrar a sobrevivência, aqueles que vadearam o rio da morte, sem que se consumissem no nada ou se desintegrassem.

Morte é vida estuante!

Prepara-te para compreender a libertação do corpo, quanto te foi imposto pelas leis biológicas para o fenômeno do renascimento.

Da mesma forma que o momento físico da reencarnação é indolor, sem sofrimento também é o da desencarnação.

Acompanha, mentalmente, os que *viajam* pela morte, pensando que o teu dia chegará e prepara-te para o instante que assinalarás como fenômeno incvitável, de que não te furtarás.

Adapta-te à ideia e vence o temor, considerando o fato como natural – natural que o é – e quando sejas convidado à libertação, deixa-te levar sem neurose pelo *anjo da benevolência*, que te conduzirá para a Vida plena e verdadeira.

(...) E enquanto isto não ocorre, em definitivo, abre-te ao amor e abebera-te da Doutrina Espírita que, ensinando a vencer a morte, trouxe Jesus de volta e iniciou a Era da Imortalidade em triunfo, facultando a vivência da felicidade sem jaça e da paz sem receio.

11

Podes, se queres

Fracassado é aquele que abandona a luta ou nega-se a travá-la.
Dificilmente logrará vitória quem se recusa a enfrentar os desafios do cotidiano.
O homem são as suas tarefas, que devem ser enfrentadas com decisão e coragem.
Em todo cometimento multiplicam-se as dificuldades e as problemáticas se repetem.
Quedas e aparentes insucessos são experiências que, repetidas, favorecem o homem com o êxito que deve perseguir até o fim.
Desistir do empreendimento porque se apresente difícil, significa abandonar-se a contínuos insucessos.
Não recear jamais, nem ceder à tentação da desistência na luta de ascensão.

Se queres, podes.
Quando te propões realizar os labores que te dizem respeito, abre-te à vitória, que deves colimar na oportunidade própria.

Simón Bolívar, o excelente libertador de quase metade da América do Sul, não poucas vezes perdeu batalhas e esteve preso. Porque não desistiu, perseverando nos ideais e lutando, triunfou.

Benito Juárez, órfão e pobre, humilhado e sob injunções terríveis, contribuiu para liberdade do México, mais do que qualquer outro herói.

Franklin Delano Roosevelt, paralítico, vitimado numa cadeira de rodas, não se compadeceu do próprio estado de saúde e desempenhou relevante papel no seu país, como primeiro mandatário, revelando-se extraordinário libertador durante a Segunda Guerra Mundial.

Edison experimentou quase dez mil testes para lograr o êxito da lâmpada elétrica e, porque insistiu sem desânimo, ofereceu à Humanidade um valioso contributo.

Faraday, até os 14 anos, permaneceu numa Gráfica, na condição de encadernador. Lendo um dos livros em que trabalhava, interessou-se pela eletricidade, revelando-se pioneiro nesta tecnologia de grande utilidade para a Humanidade.

Cervantes sofreu incompreensões e experimentou a miséria, teve os seus escritos desconsiderados, viveu em regime de mendicância para não morrer de fome, não obstante, prosseguindo, legou-nos o *Dom Quixote de la Mancha,* de valor literário e filosófico inegável.

Camões, sem uma vista, fez-se cantor de *Os Lusíadas.*

Confúcio, aos 55 anos, foi abandonado pelo seu mestre. Sem desânimo, prosseguiu, oferecendo extraordinária contribuição filosófica para o pensamento universal.

Maomé, na busca de fiéis, padeceu terrivelmente, até que, sem abandonar a luta, espalhou o *Alcorão* pela Terra.

Buda, procurando a iluminação, provou solidão e abandono, conseguindo que a mensagem da paz passasse a impregnar vidas...

A história de Jesus é por demais conhecida para que se ampliem considerações...

A galeria daqueles que não desistiram e confiaram na vitória que souberam esperar, é muito grande.

Não te abatas ante impedimentos nem persigas sucessos improvisados, imediatos, que cedem lugar a terríveis desencantos.

Se queres vencer superando quaisquer problemas, prossegue em paz, insistindo na ação operosa e confiante, assim conseguindo o fanal que é a meta essencial da tua vida.

Disse Jesus: "Aquele que perseverar até o fim, este será salvo."

É necessário permanecer fiel e otimista.

Se queres, portanto, a vitória, insiste.

12

REVOLUÇÃO INTERIOR

Deixa-te penetrar pelo bisturi do discernimento e autodescobre-te.

Não negligencies a tarefa da autorrevelação.

Desnuda-te perante a consciência e renova-te.

Enquanto não te identifiques com as legítimas aspirações internas, permanecerás na periferia da busca sem a glória da identificação de ti mesmo.

É de grande importância a responsabilidade perante a vida, como decorrência natural do descobrimento dos objetivos da existência física.

O autoconhecimento faculta o esforço por superar as dificuldades e lutar contra as imperfeições que tisnam a claridade diamantina da consciência que reflete o pensamento divino.

Tem a coragem de autoanalisar-te.

Torna-te o terapeuta de ti mesmo.

O Evangelho, que é um guia de segurança, e a revelação espírita, que te elucida as causas dos males que afligem as criaturas mediante a reencarnação, favorecer-te-ão com os elementos para superares quaisquer constrições, impulsões e tendências negativas.

Em toda parte descortinarás apelos à luta externa, às vitórias mundanas. Todavia, nesse trâmite a ansiedade caminha ao lado da insatisfação, deixando-te, não raro, frustrado.

Às conquistas silenciosas resultantes da revolução interior, apontarás os rumos felizes de cada batalha, vencida uma após outra. Certamente, não se farão conhecidas as tuas vitórias, nem mesmo consideradas, apesar disso, sentir-te-ás ditoso porque aureolado pela tranquilidade.

Não te dês trégua nem te sintas desanimado nesse tentame – o da luta pela conquista do mundo íntimo.

Descobrirás os graves compromissos que te assinalam, e, com isso, não terás tempo de observar o argueiro na vista do próximo...

❀

Diante da agressividade de que te vejas objeto, disputa a honra de desculpar o outro.

Em face da incompreensão que te assalte como resultado dos hábitos ora vigentes na sociedade, sê tu quem procura entender e ajudar.

Não revidar o mal pelo mal, é coragem de fazer o bem.

Não receies passar por acomodado ou masoquista, no desvariado comportamento da escala dos valores das coisas sem valor.

Encontras-te, na Terra, comprometido com a vida, a serviço de um mundo melhor e é necessário que te desincumbas em clima de paz em todos os embates.

É de muita relevância o bem que faças ao próximo, embora seja fundamental que trabalhes pelo próprio bem, realizando-te, em espírito, e vencendo os inimigos que se ocultam na personalidade, dando gênese a enfermidades e desequilíbrios que podem ser superados quanto evitados...

O Psicanalista Divino, que sempre ensinava vivendo a lição, não se descuidou de orientar-nos na técnica da autoiluminação ao dizer: – *Renuncie a si mesmo todo aquele que quiser vir após mim e siga-me.*

A renúncia às ambições trêfegas e passageiras é o primeiro passo na busca das fronteiras indimensionais do mundo interior.

Não receies, e intenta, hoje e agora, antes que, transferindo sempre para amanhã, sejas surpreendido pela desencarnação que, então, imporá a necessidade do autodescobrimento, talvez tarde demais.

13

EM FUNÇÃO DO AMOR

Convidado ao banquete do amor, esquece as mágoas e as ofensas, rompe o rol das queixas e dulcifica-te, deixando-te arrastar pelas sugestivas mensagens da ternura.

Abre-te à renovação íntima e, por momentos, reflexiona em torno da realidade que te aflige, reconsiderando as posições mental e moral.

Refaze a situação em que te encontras no lar, e recompõe a família, ofertando a fórmula do pão nutriente do amor.

Na oficina do trabalho, medita em torno da dificuldade dos companheiros e desculpa-os, quanto te firam, amando-os mais.

Na vida social perceberás os felizes na aparência, que te desprezam sem dar-se conta, todavia, possuindo o *élan* do amor, entenderás que eles estão doentes e tão aflitos, que se não apercebem da gravidade do mal que os mina em silêncio.

Na comunidade religiosa a que te filias, gostarias de haurir forças; muitas vezes, porém, descobres, ali, que aqueles companheiros vivem carentes e aflitos, apresentando dramas e amarguras que te causam desencanto. Se estiveres, no entanto, afeito à mensagem do amor, supri-los-ás de alento e te reconfortará. Eles estão cansados e sofrem da mesma solidão que tu, não sendo diferentes de ti.

Em todo lugar, há lugar para o amor.

Melhor que sejas tu aquele que ama, irrigando os corações com esse licor poderoso da vida.

Ninguém anda e cresce sem o estímulo do amor.

Dirás que também necessitas de receber, criatura sofrida que és.

Tens razão, sem embargo, se meditares mais, tu, que conheces Jesus, poderá esquecer de ti mesmo e oferecer, com entusiasmo, o que gostaria de receber.

Observa por um instante:

A roseira apoiada no estrume transforma o adubo desprezível em perfume que esparze no ar.

A semente aprisionada no solo que a esmaga retribui o próprio sofrimento com o verde com que embeleza o chão, transformando-se em árvore frondosa a doar bênçãos.

A pedra arrancada a explosivo e trabalhada a martelo, sem queixumes desvela a estátua que lhe dormia inerme na intimidade.

O charco abandonado, ao receber a drenagem que o fere, veste-se de vida e se torna abençoado jardim.

Ouve a lição sem palavras da laranjeira apedrejada, reproduzindo galhos e abrindo-se em flores que balsamizam o ar...

Disputa a honra de amar, aceitando agora o convite que se te faz para que te transformes em vexilário do bem, amando.

Jesus, por amor, tudo sofreu, a tudo renunciou, experimentando rudes injunções climatéricas, políticas, sociais e humanas para conferir-nos a honra da liberdade real e plena, que somente através d'Ele podemos encontrar.

Como Deus é Amor, não te esqueças, filho do Amor, que, gerado pelo bem, a tua é a fatalidade do próprio amor.

14

Tua quota

Diante da paisagem de conflitos morais e sofrimentos da mais variada classe, tem-se a impressão de que lavra um terrível incêndio, na Terra, com possibilidade de destruição total.

Guerras explodem sucessivas, e ameaças de mais terríveis confrontos pairam no ar.

Enfermidades de etiologia complexa dizimam vidas, e bacilos antes considerados vencidos ressurgem super-resistentes, em face dos antibióticos que os exterminavam serem agora enfrentados sem fazer-lhes qualquer dano.

Paixões primitivas dominam o clima social sob as contundentes manifestações da agressividade e da delinquência, ao tempo em que o abuso do sexo desorganiza a família e enlouquece as criaturas.

A fuga desordenada pelas drogas e as buscas de prazeres grotescos, os mais sórdidos, arrastam multidões, que se submetem, inermes, tombando, mais adiante, apáticas e exauridas.

Neuroses múltiplas e psicoses tormentosas favorecem a incidência crescente de alienações profundas e de suicídios estúpidos, que estarrecem os mais frios estatísticos acostumados ao registro das calamidades.

(...) E os cataclismos sísmicos apavoram, periodicamente, os povos, mostrando que as "forças da Natureza" que os cercam ainda não foram controladas, embora muitas sejam conhecidas e até detectadas.

Há, igualmente, muito amor agindo neste magneto que gira nos espaços sob a escravidão gravitacional do Astro-rei.

Cientistas e pesquisadores exaurem-se na identificação das causas das enfermidades e dos males diversos que produzem sofrimento, a fim de os erradicar.

Religiosos e pedagogos insistem na sustentação de programas de fé e de educação, amparando as mentes e os sentimentos antes que se estiolem, e mesmo depois que tal sucede.

Sociólogos atentos e psicólogos preocupados intentam soluções imediatas, sacrificando interesses pessoais, a serviço da Humanidade.

Artistas e trabalhadores afadigam-se nas suas áreas de ação, doando alegria e propondo segurança.

Movimentos de "não violência" somam-se aos dos "direitos humanos", tentando banir a guerra para o passado e acabar com os crimes contra os indivíduos que padecem penosas injustiças políticas arbitrárias.

Agremiações de "proteção aos animais" e vanguardeiros da "preservação da Natureza" lutam em favor do respeito à vida em todas as suas expressões.

Entidades de classes, de minorias raciais, religiosas e sociais, promovem serviços de defesa dos fracos, dos desamparados, dos que sofrem infamantes discriminações.

No meio de tantos infortúnios, o drama de uma criança enferma, ou de uma mãe abandonada, ou de uma nave espacial com defeito nos seus equipamentos, ou de uma cirurgia de alto porte num enfermo pobre, ou a morte de um vulto conhecido, produzem estupor, comoção geral, despertando a solidariedade latente nas outras criaturas.

O amor ainda comanda os homens, momentaneamente enfermos porque se negam a exteriorizá-lo em toda a sua potencialidade.

O amor está em tudo, pois que é Deus aguardando oportunidade.

Não te recuses a amar e demonstrá-lo, liberando-o das paixões entorpecedoras que o debilitam.

Libera-te da bruma pessimista que sobrepaira entre os homens, ante este incêndio que destrói multidões atormentadas.

Coloca no fogaréu a tua quota d'água que, embora insignificante, é de alta importância. Talvez não apagues as labaredas crepitantes, no entanto, o teu exemplo influenciará outros companheiros que são observadores indiferentes, a que sigam o teu gesto.

Protesta contra o mal, agindo no bem.

Luta contra o crime, atuando na educação.

Levanta a tua bandeira de paz, tornando-te pacífico em qualquer circunstância.

Vives uma hora de transição terrena e a dor deve ser vencida e assimilada, tornando-a valiosa experiência para evitar o desânimo ou o desequilíbrio futuro.

O momento é de desafio e ninguém se deve eximir à luta.

Reserva um pouco do teu tempo realizando, gratuitamente, algo de bom e de belo em favor do teu próximo, portanto, da Humanidade, e verás que se apagarão as chamas devoradoras que ameaçam de extinção a vida no planeta.

15

REENCARNAÇÃO E OLVIDO

Discípulos incipientes da Doutrina Espírita, da mesma forma que negadores contumazes da reencarnação, apresentam-se suspeitosos a respeito das existências sucessivas, em face do esquecimento temporário dos fatos e ocorrências anteriores à atual viagem carnal.

Informam que, se as lembranças permanecessem, seria muito melhor a jornada evolutiva, em razão de poder-se compreender e eleger os comportamentos a assumir diante das vicissitudes, como das decisões, que esperam consciência e conhecimento das ações para redundar exitosas.

Gostariam de saber com lucidez e recordar-se do porquê dos insucessos, assim como dos afetos, o que lhes facultaria uma correta eleição de pessoas para o círculo das amizades, com natural desprezo pelas desagradáveis e perniciosas.

Evitariam, assim, a reincidência em problemas tanto quanto em conflitos geradores de desarmonias e desequilíbrios.

A ordem social seria diferente, recheada de valores autênticos, em que não haveria lugar para triunfos de personalidades realmente não credenciadas ou capazes.

Concluem, por fim, que o olvido parcial do passado fomenta dúvidas quanto às existências anteriores.

Tais conclusões sofistas são destituídas de legitimidade.

Sem o esquecimento temporário das ações pretéritas o progresso moral seria impossível ou, pelo menos, muitíssimo mais penoso para o Espírito.

Calcetas e fracos que ainda somos quase todos nós, diante da plena recordação das nossas vidas passadas, as neuroses e psicoses governariam as criaturas com mais vigor do que em nossos dias, porque as lembranças dos nossos erros e acertos seriam também conhecidas daqueles a quem amamos ou preterimos, auxiliamos ou prejudicamos.

O perdão não lucilaria, benéfico, no homem, que se armaria de maior soma de rancor e desejo de vingança; os ressentimentos tomariam campo nos painéis mentais com sérios distúrbios comportamentais; as pessoas se uniriam em grupos isolados, nos quais se negaria oportunidade fraternal aos arrependidos ou aos viciosos para se corrigirem, gerando colmeias alienadas da realidade, enquanto os enfrentamentos motivados pela infeliz necessidade do desforço seriam mais repetidos e mais sangrentos...

✿

As vidas anteriores ressurgem na existência presente do ser, em forma de tendências e aptidões, experiências e dificuldades que caracterizam as conquistas e falhas de cada qual.

Manifestam-se como saúde ou doença, lucidez mental ou retardamento, disposição ou reação para o trabalho, alegria ou amargura ante a vida em si mesma.

Expressam-se como simpatias e animosidades, afeições e desafetos, confiança e instabilidade emocional na relação entre as criaturas.

Otimismo

❋

Sob o véu da ignorância das causas é, para muitos, bem difícil superar situações e pessoas desagradáveis, conviver em clima de tolerância e agir com serenidade em determinadas circunstâncias, que a sua recordação produziria estupor e acenderia revolta, desencadeando processos cruéis de revide e dor.

❋

É providencial o esquecimento das existências passadas, enquanto se está no corpo físico.

Mesmo após a desencarnação, o Espírito não se adentra no conhecimento do pretérito, sem que ao longo do tempo adquira estrutura moral e evangélica, para bem entender as próprias como as refregas alheias em que se envolveu ou desencadeou, com as condições exigíveis para amar e desculpar.

No escafandro físico, a limitação dos cinco sentidos dá-lhe tempo de apurar a sensibilidade e burilar as arestas, facultando-lhe frestas por onde percebe a Luz e antevê a felicidade.

Treina paciência e disciplina as tendências más, adquirindo experiências para tentames e voos mais expressivos nos ideais que vitaliza.

Muitas outras razões possuem as Soberanas Leis da Vida para que o processo da evolução se dê mediante etapas sucessivas, amparadas por olvidos temporários, nas quais todas as conquistas se tornam patrimônio individual intransferível, com o qual serão alcançados os louros da paz e as realizações da plenitude.

❋

Na aparente ignorância de muitas causas cujos efeitos carpes, acende a luz do amor e da caridade nos teus sentimentos com a razão da fé, e essa claridade te conduzirá com segurança aos altos cimos que atingirás sob a carinhosa espera do Cristo.

16

AS ASAS DA LIBERTAÇÃO

Se pretendes mergulhar nos fluidos superiores da Vida, desvendando os complexos mecanismo da existência, ora e medita.

A prece levar-te-á ao norte seguro e a meditação fixar-te-á no centro das aspirações superiores, harmonizando-te.

❃

Se desejas permanecer em paz integral, consolidando as conquistas espirituais, renuncia e esquece todo o mal.

A renúncia ensinar-te-á a libertação das coisas e das conjunturas afligentes, e o esquecimento de qualquer mal ser-te-á o piloti para a libertação plena.

❃

Se planejas integração no bem, ampliando a visão do amor, trabalha e serve ao próximo.

O trabalho enriquecer-te-á de valores inquestionáveis, e o serviço da caridade ao próximo proporcionar-te-á oportunidade de iluminação pessoal com doação de felicidade aos outros.

※

Se queres a consciência tranquila no teu processo de busca e de redenção, persevera e acompanha os que sofrem, não os deixando a sós.

A perseverança no bem te dará generosidade natural, e a companhia ao lado dos infelizes far-te-á sábio pelas técnicas de amor que aprenderás a utilizar para o êxito no ministério.

※

As duas primeiras linhas do comportamento podem ser a tua vertical de silencioso crescimento para Deus, na luta íntima, sem testemunhas, muitas vezes chorando e sofrendo, como se o solo da alma fosse rasgado para que se fixasse a trave em que te apoias e amparas.

As duas atitudes outras são a linha horizontal da tua vivência espiritual e fraterna com as criaturas humanas do teu caminho.

Já não é a busca em estrangulamento das paixões, mas a doação em sorrisos de alegria, distribuindo estímulos e coragem em nome do amor que reflete o Grande Amor.

※

Uma cruz a tua vida!

Nela, de braços abertos, tu te encontras.

Já não há dor nem aflição.

Lentamente verás transformar-se a trave horizontal em asas de luz, e, livre, ascenderás na direção do Sublime Crucificado, que a todos nos aguarda em confiança e paz.

17

Ingratidão

Dentre os muitos inimigos morais do homem, a ingratidão assoma, relevante, na condição de filha dileta do egoísmo, que se nutre com as vérminas do orgulho.

A ingratidão estabelece síndromas de distúrbios comportamentais, que degeneram, a curto ou longo prazo, em problemas de alienação mental.

Nos dias hodiernos, a ingratidão toma corpo com muita facilidade, tornando-se elemento normal nas relações sociais, em lamentável agressão aos postulados éticos, quando não se tenha em conta a moral evangélica.

Filhos ingratos e genitores desleixados dos seus deveres, irmãos insensatos e cônjuges levianos, amigos desassisados pululam nas avenidas do mundo moderno, envergando roupagens de alto custo ou andrajos de miséria, igualados na mesma indigência espiritual.

Abençoa a mão que um dia se distendeu, generosa, no teu rumo, socorrendo-te e amparando-te.

Mesmo que ela, por acaso, se haja convertido em instrumento que te oferta o fel da amargura, recorda-te de quando te abençoou com a dádiva sem preço da misericórdia e da compreensão em que te apoiaste.

Da mesma forma que não é meritório fazer o bem e aguardar retribuição, não é justificável que se mutile a generosidade com as lâminas da ingratidão em quem espalhou benefício.

Há pessoas que se acreditam somente credoras de receber ajuda, supondo-se privilegiadas ante a vida, empanturradas de empáfia, fingindo ignorar a própria fragilidade.

Sorriem ante os que lhes estimulam as paixões dissolventes, demorando-se como belas flores de estufa, de vida breve, a nutrir-se do clima em que se consumirão.

São gentis, enquanto se locupletam, no entanto, afastam-se amargas e maledicentes da presença generosa de quem lhes foi devotado...

Censuram o benfeitor mediante alegações mesquinhas, justificando, com acusações, a própria enfermidade.

Aqueles por quem ora se entusiasmam, serão abandonados amanhã, com o mesmo ardor, logo não lhes possam ser úteis ou atendê-las nas suas exigências.

Não as censures, nem lhes concedas as tuas preocupações, aumentando as dores que te ferem a alma.

Ora por elas, envolvendo-as em ternura.

Elas estão equivocadas e despertarão um dia.

Prossegue ajudando quem te cruze o caminho, sem a preocupação de reter ninguém no teu círculo de afetividade.

O cristão autêntico não se faz compreender, ainda hoje, porém compreende sempre.

Seus pés sangram continuamente, porque a vida que escolheu é lição de progresso e libertação.

Mantém, na mente e no coração, o sentimento de gratidão por quem te auxilie.

Desde que é dever socorrer e perdoar o inimigo, é muito mais justo permanecer fiel ao benfeitor e ao amigo.

Ninguém consegue o topo da subida sem o primeiro passo, tanto quanto jamais alguém penetrará no insondável das realidades divinas sem a bênção do conhecimento haurido através da singeleza do alfabeto.

Por melhor que ora te encontres, por maiores que sejam os sinais do teu aparente progresso material, ignoras o amanhã...

E mesmo que sigas em contínua ascensão econômica e social, o crescimento moral tem regime de urgência e em todos estes campos não poderás negar a gratidão a quem, na tua hora de aspereza, concedeu-te o primeiro impulso, ofereceu-te mão generosa para que continuasses.

❀

Não apenas os adversários, os invejosos e os políticos-religiosos infelizes fizeram-se os crucificadores de Jesus.

Foram, também, os amigos ingratos, os beneficiários reticentes, os companheiros moralmente dúbios...

Judas, que aparentava amá-lO, deixou-se enredar nos problemas que o perturbavam e, ingrato, O entregou...

Pedro, que Lhe era devotado, porém invigilante, tombando nas malhas de cruéis perturbações espirituais obsessivas, O negou...

(...) E outros tantos que desapareceram, não Lhe ofertando amor ou fidelidade, carinho ou ingratidão.

Muitos haviam sido aqueles a quem Ele ajudou; iluminou-os com a verdade e libertou-os dos males de vária procedência que os afligiam.

Sê grato, sempre, em qualquer circunstância, principalmente quando o teu companheiro gentil se te apresente turbado ou triste, enfermo ou solitário, porquanto nesta fase é que ele necessita de amizade e não nos momentos em que pode doar, oferecer-se e amparar.

A gratidão, nascida da seiva do amor, é estrela que assinala cada alma na marcha da evolução, deixando sinais luminosos pelo caminho.

18

Programa de elevação

Há muito tumulto em torno de ti. Em consequência, sentes-te aturdido, inquieto.
Apelos de toda natureza te alcançam a intimidade da vida, desorientando-te não poucas vezes.

Problemas que se avolumam, exigem-te soluções que desconheces e terminas atordoado, complicando ocorrências de fácil entendimento.

Altercações contínuas, agitação alucinada formam um painel emocional que te descontrola.

Cansado de lutar contra as circunstâncias assustadoras, deixas-te arrastar, horas agitado, momentos outros indiferente, vencido pelo tropel avassalador.

Aprende a fazer silêncio íntimo e a conviver contigo próprio.

Propõe-te espaço mental para o exame das tuas necessidades, reflexão sobre a existência, equilíbrio de valores íntimos.

Quem não se conhece, encontra-se incapaz de manter salutares relacionamentos e enfrentar as situações que resultam dos compromissos vários de que se não pode evadir.

A ignorância das próprias possibilidades fomenta receios injustificáveis, que produzem estados agressivos como mecanismos de defesa, ou depressivos como forma de fuga dos desafios.

Se reages, amargurado ou insensível, aos processos da luta cotidiana, necessitas aprender a agir conforme cada situação, mediante as exigências de cada caso.

Nem "lavar as mãos", irresponsavelmente, tampouco somar às dificuldades que já enfrentas. O correto é conceder a cada caso a consideração devida e atentar para que os efeitos não se façam danosos.

❋

Pululam em toda parte os narcisistas, os que se desprezam, os que se supervalorizam, os que se consideram incapazes, os dominadores...

Sê tu aquele que identifica os seus reais recursos e sabe aplicá-los.

Para que logres esse tentame, ama-te a ti mesmo, permitindo-te o crescimento espiritual que te desenvolverá a capacidade de amar o teu próximo com legítimo interesse pela sua felicidade.

Abstém-te das coisas que sobrecarregam o corpo e distraem o Espírito, preocupando-te em preservar e aprimorar somente aquilo que é realmente necessário.

Buscando a paz, em dias de repouso, esquece máquinas e complexidades da vida moderna, rádio e televisão, periódicos e noticiários, a fim de defrontares-te contigo mesmo.

Não te cerques de pessoas bulhentas, aquelas que "enchem a casa" com as suas fanfarronices, parecendo alegres e joviais, mas que se estão escondendo no alarido que promovem, porque se não querem encontrar.

Não temas enfrentar-te; conviver com as tuas imperfeições, descobrindo-as e transformando-as; com as tuas legítimas necessidades...

Quem corre de um para outro lado, em agitação, perde o sentido de direção.

É indispensável parar, de modo a examinar os rumos e seguir aquele que lhe constitui o objetivo primordial.

Se trabalhares as tuas arestas morais, sentir-te-ás melhor, porque, lapidando-as, eliminarás as anfractuosidades que te impedem o ajustamento no grupo social a que pertences.

Se identificas bem as tuas limitações, terás valor para não assumir compromissos que não poderás cumprir, tanto quanto não te escusarás de auxiliar e fazer o que te está ao alcance.

Desenovela-te, portanto, dos atavios da aparência ou que te escondem a realidade e assume o esforço de melhorar-te, mesmo que através do sacrifício.

Estás fadado à felicidade.

Começa o programa para alcançá-la desde agora, afadigando-te por bem cumprir com os deveres na Terra, dos quais decorrerão a alegria e paz nesta e na vida futura.

19

CONCEITOS E AÇÃO

Se dizem que a tua é uma luta inglória, porque abraçaste o labor da semeação evangélica no momento em que a astúcia e a agressividade campeiam a soldo do egoísmo e da violência, não lhes dês ouvidos e prossegue, tranquilo.

Se afirmam que os teus ideais ocultam as tuas frustrações e que as tuas dores são síndromas de alienação, porque aprendeste a agir pelo perdão quando outros reagem pelo ressentimento, não te inquietes, antes permanece intimorato.

Se apregoam os teus deslizes, em detrimento dos esforços que fazes por superá-los, apenas porque te recusas a compartir das horas frívolas e dissolventes, em face da tua vinculação com a fé, não te proponhas defesas, mantendo-te no dever.

Se insistem em espicaçar-te pela ironia ou ridicularizar-te mediante a felonia, porque não te surpreendem nos gravames com que te brindariam, já que abraçaste o compromisso da renovação espiritual, não te sintas molesto ou sensibilizado, avançando sem receio.

Se te injuriam o nome e te agridem a honorabilidade com suspeitas e propostas infelizes, em razão da robustez da tua perseverança, não te deixes abater, demorando-te no bem.

O seixo não se faz diamante se enaltecido a essa posição, e a estrela fulgurante não se apaga se uma pedra atirada no lago que a reflete parece despedaçá-la...

Na aduana das opiniões, o ônus que paga a mercadoria da verdade é sempre alto.

A leviandade, porque se não pode ou quer modificar, é estulta, porém transitória, mas o compromisso com o ideal do bem, apesar de áspero, é duradouro nos resultados.

❈

Se abraças a cruz do serviço em nome do Cristo, reserva-te o direito do testemunho.

Quem O segue, perde os interesses comuns e se fixa nos objetivos d'Ele.

Ainda não há compreensão para quantos se afeiçoam à luz da verdade libertadora.

Seus pés caminham pelas estreitas sendas...

Muitos lhes comentam os aparentes triunfos – os que o mundo, enganosamente, pretende oferecer –, porém as lágrimas nascidas nas fontes do silêncio passam desconhecidas.

Desejam a ascensão e o brilho enganoso dos acumes, no entanto, se recusam à subida, passo a passo, mediante os esforços dos pés em brasas vivas.

❈

A ressurreição produziu gáudio nos discípulos saudosos do Mestre, tanto quanto a crucificação lhes propiciara pavor.

Aquela, todavia, jamais ocorreria, sem esta última, que a desvela.

Desse modo, não desconsideres a luta, a prova nem a renúncia.

Vinculado ao Evangelho, semeia a palavra de vida e vive na luz da esperança, até o momento em que, findo o compromisso, te liberes da jornada exaustiva.

Até lá, insiste e ensina, persevera e luta, a sós, se necessário, porém, fiel até o fim.

20

RESTAURAÇÃO NA FÉ

O mundo está cheio de ansiedades.

Filosofias variadas apresentam e sugerem comportamentos que objetivam plenificar o homem, ensejando-lhe realizações que eliminem os conflitos, os traumas, as insatisfações.

Conceitos materialistas e utilitaristas variam de escola para escola de pensamento, elaborando normativas de bem-estar na base da alucinação e do desgaste emocional.

Atingindo o máximo do desbordamento das paixões dissolventes, grupos de alienados propõem avançadas técnicas para o suicídio sem dor, calcadas nos conhecimentos sobre a morte biológica.

Com tal procedimento tenta-se reduzir o homem à argamassa celular, regida pelos neurônios cerebrais sem a menor possibilidade de sobrevivência.

A alma volta a ser trazida à velha expressão quimista, na condição de "sudorese cerebral", em que, cessados os mecanismos da massa encefálica, está terminado o ser, em face do apagar da consciência.

Inúmeras escolas de fé, indiferentes aos profundos problemas da criatura, simplificam os compromissos dos seus adeptos à aceitação dos postulados que apresentam ou à mudança de rótulo religioso, mediante a adoção de algumas fórmulas e dogmas, garantindo-se-lhes a ventura perpétua.

Indivíduos carismáticos trombeteiam "revelações" novas e atraem multidões que, não obstante os sigam, prosseguem ansiosas.

Sensitivos entusiasmados alardeiam curas espetaculares para os problemas orgânicos, arrebanhando massas de enfermos que se dizem recuperados de muitos males do corpo, embora continuem ansiosos.

Criaturas portadoras de mediunidade em desdobramento apresentam revelações apocalípticas que assustam inumeráveis desavisados, que passam a acompanhá-los, permanecendo ansiosos.

Pessoas ávidas de promoção no século, criam modernos grupamentos de interpretação religiosa, dizendo-se diretamente inspiradas por Deus e aglutinam almas humanas que, apesar disso, vivem ansiosas.

A lição de Jesus, todavia, é clara e simples.

Defrontando o Mestre à entrada de Damasco, o jovem e ansioso doutor do Sinédrio perguntou-Lhe com precisão: — *Que queres que eu faça?* E o Senhor lhe recomendou entrar na cidade, onde lhe diriam o que deveria fazer, a partir de então.

Ananias, a quem ia prender, recebeu-o, liberou-o da cegueira e norteou-o em direção ao futuro com o mapa e as regras da Boa-nova.

Nenhuma exegese complicada ou hermenêutica religiosa complexa foi-lhe proposta.

Nem alarde dos atos, nem promessas vãs se lhe fizeram.

Não se lhe ofereceram tesouros, tampouco glórias imediatas.

O trabalho de autoiluminação em forma de esforço pessoal contínuo, trabalhando as arestas morais negativas, foi tudo quanto se lhe propôs como desafio ao próprio valor.

Morreram ali o orgulho e a mesquinhez, sucumbindo Saulo, para, dos escombros, emergirem a humildade e o amor, a renúncia e a dedicação de Paulo, até o momento culminante da sua libertação pelo veículo da morte física.

O Espiritismo ressuscita hoje o antigo encontro ocorrido em Damasco.

Cada criatura tem o seu momento de decisão grandiloquente, que nem sempre sabe aproveitar.

Aceitar ou não o chamado e segui-lo é opção individual, problema de cada pessoa.

Atualizando o Evangelho na sua primitiva pureza, a Doutrina Espírita nada de novo, de espetaculoso ou fantástico propõe.

Comprova a sobrevivência do Espírito à morte física, mediante a comunicação deste e atesta a reencarnação através dos instrumentos de investigação das modernas *ciências da mente*.

Sobretudo trabalha o candidato nos seus valores morais, a fim de que, remontando às causas das suas ansiedades, consiga erradicá-las e substituí-las por fatores outros que lhe propiciem o equilíbrio e a paz.

Com esse comportamento desaparece o homem instável, ansioso, substituído pelo indivíduo tranquilo, confiante, restaurado na fé.

21

APRENDIZADO VALIOSO

Submetido ao currículo da aprendizagem na Academia terrestre, propõe-te a valorizar todas as lições que te escudam e preparam para a conquista dos tesouros da inteligência e do sentimento.

Cada período da vida brindar-te-á com uma gama de experiências, das quais retirarás proveitosos ensinamentos para o próprio equilíbrio.

Nem sempre o curso transcorrerá em manifestação festiva, porém, nas diferentes etapas defrontarás os desafios que te exigirão capacidade e reflexão, discernimento e decisão para superá-los.

Toda conquista resulta de um preço de sacrifício ou esforço para legitimar-se.

As variadas disciplinas podem impor-te demorados estágios, seja no patamar dos sofrimentos ou nos degraus da renúncia, todavia, galgando a escada das dificuldades, lograrás o topo da subida para o refazimento necessário e a paz verdadeira.

A princípio, os sonhos infantis enriquecer-te-ão as paisagens mentais, de modo a nutrires a adolescência com imagens e contos felizes, passando à idade da razão pelo túnel das preocupações e responsabilidades com as quais enfrentarás o período do envelhecimento, caso a desencarnação não se te faça o decreto inesperado de interrupção do curso...

❄

Nas inúmeras matérias de estudo e vivência, ambicionarás o curso da beleza física, sem te dares conta do quanto é transitória e de como encarcera o coração em abismos de desencanto e frustração.

Desejarás a projeção social, sem te aperceberes dos perigosos labirintos por onde deverás transitar, para mantê-la, já que se apoia nas areias movediças das circunstâncias instáveis do processo de relacionamento humano.

Disputarás a conquista do poder, sem que observes o pesado ônus que se paga quando em posição de mando, por muitos bajulado, a fim de recolherem porções da situação e desprezíveis migalhas de projeção, sob a inveja, o despeito e o ódio de incontáveis, que se comprazerão quando o olvido e a queda assinalarem a passagem do triunfador enganado por um dia.

Lutarás pela aquisição da cultura, com a qual conseguirás deter valores inapreciáveis, sem perceberes a presença do orgulho e da presunção que se postarão à espreita.

Buscarás o prazer, com o qual ficarás embriagado pelos vinhos da luxúria ou da sensualidade, da gula ou do repouso exagerado, dos desportos ou da ociosidade, sem registrares a dissolução dos sentimentos e a intoxicação violenta, letal, da personalidade...

Mesmo que o não desejes, no entanto, passarás por classes de apreensão e soledade, pobreza e incompreensão, abandono e doença, porquanto fazem parte da programação educativa, como metodologias especiais para corrigir a óp-

Otimismo

tica equivocada dos alunos ou a sua falsa superioridade em relação aos demais.

Serão períodos de movimentação ou calmaria, a sós ou com a família, de cujas ações resultarão os títulos de promoção ou a necessidade de recuperação imediata, a fim de não estacionares demoradamente na reprovação.

❦

Ninguém alcançará o pleno conhecimento da vida sem a experiência valiosa nos estágios curriculares do educandário terrestre.

Limitados e dementes, macerados e reclusos em corpos disformes, que não lhes respondem aos comandos do Espírito, são alunos desertores que se encontram de retorno, expiando, ergastulados na dor, as lições de amor que desprezaram.

Inquietos e instáveis, insatisfeitos e padecentes, necessitados e solitários, são discípulos em curso de recuperação provacional, com imediatas possibilidades de promoção, caso não resvalem, voluntariamente, pelo desespero e pela rebeldia sistemática para os cursos inferiores, já superados, mas de que ainda necessitam...

Beleza física, projeção social, poder, cultura, prazeres são provas de difícil vitória na aprendizagem terrestre.

Solidão e sofrimento, pobreza e problemas constantes, enfermidade e abandono constituem exames rigorosos de excelentes pesos na contagem das unidades para a avaliação no final de cada curso.

A vida é eterna, e as experiências são constantes, facultando aquisições que somam valores para a libertação do ser, assim arrebentando as algemas do primitivismo com os recursos do amor puro e da sabedoria, mediante os quais poderemos manter-nos e progredir na escola bendita da ascensão de todos nós, que é a Terra.

22

CONDIÇÕES DA PAZ

A paz é de fundamental importância para o homem e suas comunidades em todos os períodos da vida. Com ela surge a prosperidade, multiplicam-se as conquistas e as suas realizações dão campo ao progresso das letras, das artes, das ciências.

Aumentam a fraternidade entre as criaturas e o sadio intercâmbio entre as nações, crescendo os estímulos de mercados comerciais e industriais.

Desenvolvem-se programas de cultura e de pesquisas, mediante os quais se afirmam os valores éticos da civilização.

A paz, no entanto, não pode ser adquirida somente através das assinaturas em documentos de armistícios, ou concertos diplomáticos nos quais se estabelecem normas delimitadoras da ação dos homens e dos povos. Esses estatutos, embora credores de respeito por aqueles que os firmam estribados em ideais de elevada conduta, perdem a validade, ficam esquecidos, são desrespeitados conforme os interesses dos mais fortes, não tendo qualquer sentido moral, apesar da sua boa confecção legal.

Poderíamos dizer que são os mecanismos estabelecedores da chamada paz do mundo, no que se refere a criaturas e nações.

Durante a vigência de tais compromissos, regiões são militarmente invadidas, bens se fazem confiscados, vidas tombam imoladas, conflitos e guerras irrompem, ferozes, destruidores.

No que diz respeito à paz individual, há quem suponha que se expresse pela ausência de esforço ou sacrifício, semelhando-se à serenidade perigosa das águas estagnadas que dão guarida a doenças e morte.

A serenidade, no mundo, pode não passar de anomalia física ou mental, sem compromisso algum com a paz.

Quietude pode ser paralisia enfermiça ou sono pernicioso.

O silêncio dos canhões, às vezes, oculta movimentos de tropas ou estratégia avançada para agressão.

A satisfação dos sentidos não abastece a fome espiritual do sentimento.

O sorriso na glória e no poder, em muitas ocasiões, disfarça a inquietação e a insegurança ocultas.

Os caprichos atendidos não harmonizam as paixões que se exacerbam.

O bem-estar da sagacidade não interrompe a sofreguidão da cobiça insaciável.

Muito triunfo enganoso passa como essencial para a paz que, de forma alguma, agasalha-se no coração de quem logra ventura a preço de dominação arbitrária.

Quiçá, essas aparências endinheiradas, bem-vestidas, indiferentes aos problemas alheios, sejam a vitória do anestésico da ilusão, nunca o resultado da paz verdadeira.

❀

A paz não vem mediante a anuência dos ignorantes que aplaudem o sucesso dos poderosos, tornando-os mais vaidosos e prepotentes, tanto quanto não pode ser retratada na preguiça física ou mental dos abastados.

Resulta de ação correta, mesmo quando não elogiada ou aceita, que se estrutura na consciência tranquila pelo dever cumprido, embora não concorde com a situação dominante, proporcionando um coração harmonizado nos seus sentimentos éticos.

É trabalhada ao longo do tempo, numa conquista íntima, que se faz passo a passo, estruturando a realização nobre, lentamente, através da superação dos desejos mesquinhos com disciplina interior.

Nasce de dentro para fora e tranquiliza, infundindo a confiança com que forja heróis do bem e missionários da fé, ases do trabalho e estetas da beleza, imolando-os, se necessário, para que lhes sobrevivam os ideais de engrandecimento com que exornam as próprias existências e promovem a Humanidade.

Indispensável cultivá-la com carinho e esforço, vitalizando-a a contributo de renúncias constantes, para que se não perturbe com a agitação nem os desequilíbrios em geral.

❀

"A paz vos deixo, a minha paz vos dou; não vo-la dou como o mundo a dá." – asseverou Jesus, conforme as anota-

ções de João, no capítulo quatorze, versículo vinte e sete do Evangelho.

Essa paz, que é ventura íntima, sem estado de êxtase contínuo, possui a dinâmica de vencer os obstáculos e promover o bem, numa batalha consciente da luz contra a treva e do amor contra o mal.

23

Ociosidade

Sorrateiramente se instala na casa mental, entorpecendo a vontade.
Disfarça-se de cansaço, sugerindo repouso.
Justifica-se como necessidade de refazimento de forças, exigindo, cada vez, maior soma de horas.
Apresenta-se como enfermidade, impondo abandono de tarefas.
Desculpa-se em nome da exaustão das energias que deseja recobrar.
Reage contra qualquer proposição de atividade que implique *inconveniente* esforço.
A ociosidade é cruel inimigo da criatura humana e fator dissolvente que se insinua nas tarefas do bem, nas comunidades que laboram pelo progresso.
Após vencer aquele de quem se apossa, espalha o seu ar mefítico, contaminando quantos se acercam da sua vítima, que se transforma em elemento pernicioso, refugiando-se em mecanismos de evasão de responsabilidade sob a condição de abandonado pela fraternidade alheia.

O ocioso faz-se ególatra; termina impiedoso.

Solicita direitos, sem cumprir com os deveres que lhe dizem respeito.

Parasito social, é hábil na dissimulação dos propósitos infelizes que agasalha.

Dispõe de tempo para censurar os que trabalham e observa, nos outros refletidas, as imperfeições que de si transfere.

Sua palavra enreda os incautos, torpedeando os programas que exigem ação.

Quando não se demora anestesiado, mentalmente, pelos vapores tóxicos que emite e absorve, consegue exibir falsa compostura, atribuindo-se superioridade que está longe de possuir, no ambiente onde se encontra.

Escolhe serviços e especifica tarefas, que jamais cumpre integralmente, acusando os outros ou escusando-se por impedimentos que urde com habilidade.

É adorno de aparência agradável, que sugere valor ainda não conseguido.

Bom palestrante, conselheiral, cômodo, refugia-se na gentileza para atrair simpatias, desde que lhe não seja exigido esforço.

Sabe usar os recursos alheios e estimula as tendências negativas, insuflando, com referências encomiásticas, o orgulho, a vaidade, a insensatez.

Na enfermidade de que padece, não se dá conta da inutilidade que o caracteriza.

❊

Teresa d'Ávila, atormentada por problemas artríticos e outros, na sua saúde delicada, exauria-se, silenciosa, nas tarefas mais cansativas do Monastério, embora portadora de excelentes dons espirituais.

Bernadette Soubirous, a célebre vidente de Lourdes, afadigava-se, enferma, nos trabalhos mais vigorosos, até a total impossibilidade de movimentos.

Allan Kardec, advertido pelo seu médico, Dr. Deméure, então desencarnado, para que poupasse as energias, prosseguiu ativo até o momento da súbita desencarnação.

(...) E Jesus, que jamais se escusou ao trabalho, são lições que não podem nem devem ser ignoradas.

Se não gostas ou não queres trabalhar, sempre encontrarás justificativas para dissimular a ociosidade.

O progresso de que necessitas, porém, não te desculpará o tempo perdido ou mal-empregado.

Volverás à liça, em condição menos afortunada, sendo-te indispensável o esforço para a sobrevivência.

Os membros que se não movimentam na atividade edificante atrofiam-se, perdem a finalidade, e apenas se recuperarão sob injunções mui dolorosas.

Oxalá te resguardes da ociosidade.

Melhor a exaustão decorrente do bem, vivenciado a cada instante, do que a agradável aparência, cuidada e rósea, mediante a exploração do esforço alheio e a *nutrição* da inutilidade ociosa.

24

Alegria dinâmica

A pretexto de escusar-se da responsabilidade moral, ninguém diga que o Cristianismo é uma doutrina estática, portadora de tristeza e melancolia, na qual se deve negar o mundo com todas as suas concessões.

Não se afirme que os cristãos legítimos vivem numa esfera de misticismo, fugindo à realidade objetiva que os cerca e cultivando apenas as imagens e ideologias metafísicas.

Não se informe que a fé religiosa entibia o caráter, afastando o crente dos seus deveres humanos e sociais, em mecanismos de evasão ou em formação de grupos parasitas que vivem da contemplação e da prece, enquanto outros se esfalfam no trabalho diário.

Não se confunda grei religiosa com religião, nem organização doutrinária com doutrina.

O agrupamento religioso tanto quanto a entidade doutrinária padecem os limites impostos por quem interpreta a religião e a doutrina, numa óptica muito pessoal que nada tem a ver com o pensamento do Cristo, exarado na Sua vivência cotidiana.

A doutrina que Ele nos trouxe é um hino de alegria e de amor à vida.

Jamais se ouviu e se viveu tanto júbilo, quanto nos Seus dias, ao Seu lado.

Enfermos recuperavam a saúde; os desiludidos encontravam outras motivações para viver; os abandonados recebiam afeto; os tristes se emulavam à esperança; os felizes se encantavam e os sadios se Lhe entregavam em oferendas festivas.

Estimulando o progresso, nunca apoiou a ociosidade ou a indolência, sendo o protótipo do bom trabalhador.

Rebelde para com os males existentes, usou a dinâmica da ação construtiva para os eliminar, ao tempo em que amparou aqueles que lhes eram vítimas.

É verdade que, muitas vezes, viram-nO chorando, mas o fazia por compaixão para com os sofredores que se deixavam aprisionar nas malhas da insensatez, sem aspirarem pela superior libertação.

A tristeza que se refletia na Sua face e nos Seus olhos era o reflexo do amor que doava aos infelizes que elegera para Seus amigos, em razão de possuir a vida em abundância para oferecer.

Quantos O cercavam apresentando sua litania angustiosa, e n'Ele encontravam amanheceres festivos de luz e paz!

Cultuou o amor em todas as suas nobres expressões.

Não apenas junto aos esquecidos e carentes do mundo, senão também, e sem esquema de preferência, aos opulentos e destacados, quais Zaqueu, o rico cobrador de impostos, Simão, que se comprazia em receber personalidades notórias, Nicodemos, que era doutor da Lei antiga e representante do Sinédrio, a mais alta corte do seu país.

A eles ministrou o mesmo conteúdo da Sua mensagem, com o toque da austeridade e do bem.

Nem submissão aos estropiados, numa posição de afeto pieguista, nem servilismo para com os ricos, numa situação bajulatória.

Sempre o mesmo poeta e cantor da Vida, ativo e gentil-homem da Era Nova.

A negação do mundo, por Ele proposta, é uma opção entre dois valores: um transitório e outro permanente, que não reflete desprezo à abençoada escola de elevação, que é a Terra.

Com a mesma espontânea naturalidade com a qual compareceu ao túmulo de Lázaro, a convite das suas irmãs, esteve no matrimônio em Caná, à invitação de Sua mãe.

Da forma como exaltou a pureza dos "lírios do campo" e a formosura das "aves dos céus", repreendeu o mar agitado.

Onde comparecia, infundia segurança e otimismo, equilíbrio e felicidade.

Nunca fugiu dos problemas, a pretexto de elevação, nem da turba, justificando-se superioridade vibratória e espiritual.

Reportava-se à excelência do Seu Reino enquanto propunha a prosperidade e o engrandecimento dos homens na fraternidade e na solidariedade no mundo.

Seu caráter era vigoroso, sem nuances variadas, sempre o mesmo.

Não temia afrontas ou perseguições que o ameaçassem, evadindo-se das circunstâncias e paixões terrenas. Em face disso, sem titubear, deu a vida, doando-se a si mesmo, em holocausto, em lição de imperecível amor aos temero-

Anotações

sos e assustados, fracos e duvidosos companheiros daqueles e dos dias atuais.

❀

Pedro, que O seguiu, não fugiu à luta e doou, também, a vida, trabalhando e pregando a Sua doutrina e, onde esteve, enfrentou dificuldades e desafios.

Todos os que Lhe foram discípulos, entregaram-se à afanosa obra de edificar a Sua mensagem nos corações e nas mentes, sem qualquer temor ou tergiversação, até o sacrifício total, exceto João, que permaneceu, idoso, aguardando o holocausto que lhe não foi exigido.

Paulo, que O seguiu depois, trabalhou, evangelizou, amou e conclamou à alegria, ao reto dever do qual dimana a felicidade, cordial e lutador até o fim.

❀

Não se confunda Cristianismo com alguns cristãos, nem religião com certos religiosos.

Embora todos nos mereçam consideração, por sabermos que cada ser estagia no degrau da sua própria estrutura espiritual e moral, o Cristianismo, vivido e sentido na sua essência, faz homens excelentes, felizes e empreendedores, verdadeiros exemplos para as demais criaturas que os seguem, os imitam e os amam com imensa alegria.

25

GRAVAME CRUEL

Sob qualquer aspecto considerada, a ingratidão é sempre um atestado de inferioridade daquele que a cultiva. Resquício da barbárie, ela fere os sentimentos e estiola as promessas de desenvolvimento do bem nas almas frágeis que lhe sofrem o guante do primarismo.

O ingrato encontra-se enfermo, mascarando a doença com a rebeldia ou anestesiando-se nos vapores da fatuidade de que se reveste, para um posterior despertamento em situação lamentável de abandono e quebrantamento.

❀

O egoísmo é, sem dúvida, o fomentador pérfido da ingratidão, desde que inspira merecimento que a criatura não possui, mas exibe, perturbando-se na avaliação dos valores da personalidade.

Os que se deixam seduzir pelas artimanhas dessa inferioridade latente – que deve ser vencida a penates de sacrifício, vigilância e ação correta na fraternidade – sabem conquistar favores para logo depois arrefecerem a gentileza sob a indiferença mórbida em que terminam por deixar-se intoxicar.

❀

Há, no entanto, no esquema da ingratidão, uma forma que se faz mais banal, caracterizada pela crueldade defluente da insensatez perversa: a dos filhos para com os pais!

A insolência do filho ingrato, que se atira sobre os pais indefesos que lhe sofrem a peçonha e a agressividade, é dos mais graves comprometimentos que o Espírito encarnado assume para o futuro ressarcimento doloroso.

Arrojar na face dos genitores palavras de acusação e esbordoá-los com manoplas ígneas, constitui loucura em começo, tomando curso para mais lamentáveis desequilíbrios.

A petulância e o atrevimento do filho ingrato, no desrespeito a quem lhe concedeu a forma física, o carinho, as horas insones como as da ansiedade durante os anos primeiros, ferem fundo, abrindo, porém, os abismos em que mais tarde tombam esses desassisados.

Os filhos ingratos são o fruto doente da existência em que fracassam as esperanças deles próprios, porquanto, mesmo que triunfem na aparência, corroem-se na neurose interior de que se não conseguem libertar...

Pais sofridos e macerados por filhos ingratos, amai e orai mais por esses Espíritos doentes que se refugiaram no vosso coração, mediante as formas que lhes emprestastes, e que eles não souberam valorizar.

A ingratidão que vos doam e por vós aceita sem mágoa nem rancor, será, mais tarde, a estrela polar do vosso caminho, quando vencido o trâmite carnal.

Prossegui confiantes e entregai-os, sem angústia, a Deus, Pai de todos nós, que pacientemente nos tem esperado no curso dos milênios.

26

SOB SOMBRAS E DORES

Nestes dias penumbrosos, quando se adensam as sombras na Terra, e as perspectivas se fazem mais tensas sob a óptica do desespero e da anarquia; quando se acumpliciam a agressão injustificável e o crime em desenfreada correria; quando se dão as mãos a injustiça e o opróbrio, ceifando vidas; quando se destacam a criminalidade e o erro, ocupando espaços, o cristão decidido deve voltar-se para dentro, procurando reabastecimento na fé.

Já são grossos os rolos de fumaça que sobem da Terra em chamas.

Muitas são as vozes que estão silenciadas no fragor das batalhas rudes.

Os cadáveres enxameiam, formando pântanos de matéria humana.

(...) E uma noite, que se apresenta pavorosa, ameaça tomar conta do mundo.

No entanto, Jesus é o Sol, e os Seus discípulos, chamados à glória do momento grave, devem desempenhar a tarefa com alegria, embora sob estertores ou caminhando com dificuldades no meio do cipoal.

Nunca, como hoje, viveram-se dias de tanta angústia! O século das glórias tecnológicas são os dias de horror da própria desenfreada ambição humana.

Eis por que a Doutrina Espírita veio, prenunciando as mudanças sociais e humanas e esclarecendo sobre a visão do Apocalipse, que ora se cumpre na atual civilização.

❋

Permanecemos fiéis ao labor, insistindo mais em nosso trabalho de solidariedade, ampliando os nossos recursos de fraternidade e amando com destemor, a fim de que definhem as fileiras da agressão e do ódio.

De forma alguma nos deixemos contaminar pelos *vírus* que se encontram no ar que se respira no mundo.

De maneira nenhuma nos deixemos mimetizar pela violência, estando vigilantes, para que, a qualquer preço, a cordura e a paz não se afastem dos nossos corações.

Nestes momentos, avaliam-se os recursos de cada um.

Ante os testemunhos surgem os heróis e revelam-se os desertores.

É imprescindível porfiar, espalhando a luz da esperança e disseminando o exemplo da bondade.

Em contrapartida, serão carreadas mais forças e vigores para os obreiros fiéis, a fim de que as metas sejam alcançadas no campo do bem.

Levantemo-nos, portanto, conscientes dos deveres que nos dizem respeito e porfiemos sem desânimo na luta da nossa redenção.

27

Cizânia perigosa

A cizânia revela perturbação de quem a aciona, nele próprio gerada, em razão da natural inferioridade, ou de que a pessoa se faz objeto pela sintonia com Entidades levianas ou perversas já desvestidas da indumentária carnal.

Medra sutilmente, espalhando raízes qual planta maligna, escalracho persistente, penetrando frinchas e arrebentando construções; espalha bafio pestilento que intoxica, prejudicando a psicosfera ambiental do lugar onde se instala.

Habilmente manipulada, encontra mentes invigilantes que a agasalham, produzindo danos irreparáveis.

Movimenta-se em torno de todas as realizações nobilitantes, em razão de, mesmo entre os que abraçam ideais de elevação, encontrarem-se criaturas em processo de crescimento mais imantadas ainda às faixas primárias da vida, do que em sintonia com as esferas do amor e da luz.

São candidatos ao bem, que não lograram abdicar do egoísmo nem do orgulho, pretendendo servir servindo-se, ajudar impondo-se, e quando não conseguem impor as aspirações em que se fixam, dissentem, dando margem à cizânia que começa grassando sub-repticiamente, ameaçando as bases do serviço arduamente trabalhadas com sacrifício e abnegação.

Mesmo quando se faça necessária a modificação de tarefas, por esta ou aquela razão, em qualquer empreendimento, não faltam métodos honoráveis e próprios para a sua execução, sem que a cizânia seja chamada a impor sua ação nefasta.

Não foi por outra razão que Jesus lamentava o agente do escândalo, da cizânia, da perturbação.

❋

No compromisso que abraças em relação à vida, vigia as "nascentes do coração", a fim de que te não transformes em instrumento de cizânia.

Caso te encontres sob os camartelos daqueles que veem erros, criticam, derrubam, mas não são sinceros em ajudar com fraternidade, não te faças a eles semelhante.

Usa de tolerância para com todos e de misericórdia para com os seus planos infelizes.

Não os ignores, dando-lhes campo à expansão, nem os repreendas, agravando a situação.

Age com serenidade, considerando que, na escalada da ascensão, todos passamos por fases múltiplas, desde as mais agressivas e primárias até as libertadoras e sublimes.

Já que podes perceber e compreender ocorrências deste matiz, igualmente superaste o ciclo mais difícil, sendo-te factível desculpar e ajudar.

A tolerância, em casos desta natureza, não significa a conivência com a ação corrosiva da cizânia.

Diante desse acontecimento infeliz, ora e atua com calma, permanecendo confiante em Deus, prosseguindo inalteravelmente, na realização, embora percebas e sofras as flechadas dos promotores da cizânia e dos que lhes sintonizam com as descargas deletérias.

Há simpatias para todos os tipos de ação num aglomerado humano.

Não te surpreendas, portanto, com sucessos negativos, que se transformarão em metodologia de crescimento, se souberes aproveitar a ocorrência.

Até mesmo entre os discípulos do Mestre e os seguidores que se encarregaram de difundir-Lhe a mensagem sublime, a cizânia medrou, não poucas vezes, superada pelo amor e pela inteireza do ideal que todos abraçavam, disputando-se melhor servir.

Igualmente, onde te encontres: no lar, no trabalho, no grupo social, na entidade de fé religiosa, no partido político, na escola filosófica ou na equipe científica onde, inevitavelmente, a cizânia medra, recorda de Jesus, o Vencedor, e segue-O com integral doação, sem te preocupares em demasia, fazendo a tua parte, a que não será tirada, a melhor parte, portanto, a do teu dever.

28

Dando-se conta

O homem são os seus temores.
O cultivo da vida mental dá as medidas da realidade humana.
A chama que brilha, queima.
A quietude do pântano é morte.
A fragilidade humana depende do Espírito que no corpo habita.
Assim se compreende a evasão de aficionados cheios de entusiasmo que, subitamente, desertam; de amores ardentes que se acabam; de protestos de fidelidade que desaparecem; de sorrisos que se convertem em esgares; de dedicações que se rebelam...
Não passam de exaltação momentânea, que tipificam as almas inseguras.
Merecem respeito todas elas, no entanto, não se lhes pode confiar em demasia.

Jerusalém, que ovacionou Jesus à chegada, d'Ele zombou até na cruz.

Pedro, que O seguira com dedicação, negou-O, não uma vez, embora advertido, mas três...

Judas, que dizia amá-lO, vendeu-O...

Os demais discípulos ficaram a distância, receosos, menos João que O acompanhou até o momento máximo...

Os beneficiários do Seu verbo, das Suas mãos, da Sua presença silenciaram, permanecendo no anonimato...

Sem embargo, uma mulher equivocada que se renovou, seguiu-O ao lado da Sua mãe, intimorata, sem receio ou alarde.

O sublime contágio do amor verdadeiro dá-se no íntimo.

Sem testemunhas, sem empolgamentos origina-se a transformação moral incorruptível.

Não te desalentes ante as surpresas negativas do caminho ou os paradoxos dos comportamentos.

Produze o máximo e faze-o da melhor maneira ao teu alcance.

A tarefa é tua; não a transfiras para outrem.

Teu é o dever; cumpre-o corretamente.

A ninguém sobrecarregues com o que deves fazer.

Aceita a ajuda, porém não delegues o compromisso que te cabe. Nunca censures ou apontes a fragilidade de ninguém.

O futuro é imprevisível.

Pedro, que O negou, e os demais companheiros de ministério, dando-se conta depois, em relação ao que haviam feito, ressarciram o engano e doaram-se até a morte, em testemunhos eloquentes de amor e fidelidade, ardentes de fé, com que se transformaram em exemplos vivos do que cada um pode fazer, quando está disposto à ascensão.

29

CONSIDERANDO A CORAGEM

Dentre os escombros dos teus ideais derruídos, retira as partículas metálicas que se encontram espalhadas e funde a couraça da coragem de que te deves revestir, a fim de prosseguires na luta.

Sob as mais rudes conjunturas e sofrendo as dificuldades naturais do processo evolutivo, levanta o ânimo e porfia com coragem no compromisso que abraças.

Nos tormentos das enfermidades redentoras, ergue a mente a Deus e, mesmo considerando os impedimentos que parecem obstar-te a marcha, continua com coragem, sem dares campo ao desalento, a fim de chegares ao termo da jornada.

Diante dos graves impedimentos financeiros que te cerceiam a marcha na senda do progresso, ergue-te nas asas dos ideais, abastecendo-te de coragem para que colimes os objetivos enobrecedores da vida, que te facultarão felicidade.

Em qualquer situação, na alegria ou na dor, no poder ou na cruz da servidão, a coragem é a base para que o homem possa lograr os cometimentos superiores.

O cristão, em geral, e o espírita, em especial, não devem desanimar jamais, buscando o apoio da coragem sem a qual todo tentame diante dos obstáculos normais desfalece...

A coragem não pode confundir-se com a impetuosidade nem a presunção.

A calma diante do infortúnio, a resignação perante o insucesso, a confiança à hora do testemunho, a alegria íntima quando as realizações não se fazem positivas, expressam coragem para o labor na existência humana...

Coragem é ânimo robusto, que a certeza do resultado final, excelente, oferece à criatura, durante a sua realização.

Gandhi, mourejando aparentemente a sós, na sua luta de amor pelos direitos do seu irmão à liberdade, abraçando os postulados da "não violência", é exemplo de coragem inexpugnável.

Quando Folke Bernadotte foi apaziguar os árabes e judeus nas lutas que se sucediam às portas de Jerusalém, como mediador, em nome da Organização Mundial das Nações Unidas, não ignorava os riscos de vida a que se expunha. No entanto, com a coragem de lutar pela paz, esteve em pleno campo de batalha, sendo assassinado por um fanático, a quem perdoou antes da morte.

Francisco de Assis, amando o Cristo, teve a coragem de renunciar a todas as comodidades para fazer-se o santo da humildade e da renúncia, legando-nos o mais notável espólio de amor dos últimos séculos...

Vicente de Paulo, ouvindo o apelo da caridade, teve a coragem de abandonar o fausto da corte francesa para mendigar em favor dos pobres, abrindo os mais amplos horizontes de amor para a beneficência fraternal na Terra.

Lincoln teve a coragem de atender a dor do irmão escravizado em sua pátria, a quem libertou da pesada carga da humilhação cruel.

A coragem dos cientistas que permanecem nas experiências fracassadas, repetindo-as mil vezes, até o êxito, sem enfado nem cansaço, pensando em diminuir o sofrimento de seu próximo, é lição viva a ser seguida.

É necessário coragem para fazer e refazer o bem, tentar e repetir as experiências sacrificiais pela fraternidade, pensando no amanhã feliz da Humanidade.

A coragem encontra-se em germe em todos os homens. Desenvolvê-la, mediante os exercícios do dever, sem queixa, nem lamentação, sem rebeldia, nem esperança de retributo, é tarefa desafiadora que a todos aguarda, a fim de modelar heróis, santos e artistas da verdade, do amor e da beleza...

Abandonado, traído e negado, provando o fel da soledade e padecendo o desprezo de quase todos os amigos, no auge do testemunho, Jesus teve a coragem de perdoar-nos e prosseguir amando-nos até hoje, sem excogitar das nossas imperfeições nem dos limites na nossa existência...

Permanece na tua tarefa, por menor te pareça, e tem a coragem de reconhecer a pequenez e deficiência que te caracterizam, levantando do erro e avançando estoico no labor, até o fim dos teus dias, na Terra, quando então te alçarás feliz, ao reino da paz.

30
Os desígnios de Deus

Em momento algum deixa de confiar nos desígnios de Deus.
Não te encontras à deriva, apesar de supores que o rumo para a felicidade perdeu-se em definitivo.

A ausência aparente de respostas diretas aos teus apelos e necessidades faz parte de uma programática para o teu bem.

Sem que o percebas, chegam-te os socorros imprescindíveis para o equilíbrio e êxito, sem os quais, certamente, não suportarias as provas a que te propuseste por impositivo da própria evolução.

Muitas pessoas resvalam na loucura, porque deixaram de preservar os contatos com Deus.

Criaturas sem conta arrojaram-se ao suicídio ou foram a ele atiradas, por perderem a confiança em Deus.

Expressivo número de homens rebolca-se nas paixões inferiores, por duvidar do auxílio de Deus.

Parasitos emocionais, perturbados espirituais iníquos e perversos, são pessoas que se negaram à vinculação com Deus, deixando-se tresvariar nos abismos em que se comprazem, por estarem em rebelião também contra eles mesmos.

Deus nunca abandona!

O homem, porém, a si mesmo se abandona, vitimado pelo egoísmo e os seus sequazes que, nutridos pela invigilância de cada um, terminam por dominá-lo.

❋

O teu sinal de vinculação com Deus é a prece.

Fala-Lhe em linguagem simples, honesta, entregando-te aos Seus planos e rogando-Lhe entendimento para melhor discerni-los.

Sentirás a presença de Deus através da paciência ante as circunstâncias difíceis; da resignação em face dos problemas que não podem ser solucionados; da coragem perante os testemunhos, e o amor sempre, em todos os momentos e situações.

Quem pensa em Deus, nutre-se de paz.

Quem se comunica com Deus, estua de recursos e forças para vencer-se e mais ajudar.

❋

Interrogas-te, em silêncio, como determinadas pessoas suportam vicissitudes e abandonos, ruínas econômicas e aflições morais, ingratidões e violências como se nada lhes estivesse, aparentemente, acontecendo.

Não fosse uma observação mais acurada, não lhes descobririas os infortúnios ocultos.

Sucede, porém, que esses corações crucificados nos impositivos da redenção, em vez de reagirem pela agressividade inútil, confiam e esperam em Deus com alegria e superação das dificuldades, a fim de se libertarem do mal e alcançarem a plenitude que Deus concede a todos aqueles que se Lhe entregam aos desígnios superiores.

31

CANSAÇO E EXTENUAMENTO

Por mais extenuante se te apresente a tarefa de propagação do bem, não te descoroçoes.

Mesmo que te sintas exaurido de forças no labor abraçado, o de divulgar os ideais de enobrecimento da vida, não te permitas o desânimo.

Considerando a extensão dos sofrimentos humanos e a sua multiplicação com estatísticas alarmantes, bendize a oportunidade de poder aplicar, pelo ensino, a terapia espírita.

Diante dos problemas que defrontas e dos conflitos que te assaltam, na desincumbência do serviço de semeação doutrinária, na gleba das almas, renuncia ao que te agrada, silencia as vozes de outras aspirações e prossegue no dever.

Alonga o olhar, alarga a acústica e amplia o interesse em volta de ti próprio.

Perceberás a extensão dos compromissos que te esperam, ouvirás o apelo das aflições humanas e compreenderás que podes e deves permanecer na atividade abençoada, sob o contributo dos sacrifícios com que te empenhas.

Não te importes com objeções e negativas, defecções e agressividades que se sucedem roteiro afora.

Não custasse esforço, nem significasse trabalho, numa luta contínua, sem quartel, e todos se entregariam a esse ministério com prazer, sem o testemunho da autodoação de quem se empenha no empreendimento.

Exausto, porém jovial, permanece no reto cumprimento da lavoura de iluminação de consciências.

❉

Aqui, surgem impedimentos, que parecem impossíveis de transpostos.

Ali, apresentam-se incompreensões, como ameaças que desanimam os mais valorosos idealistas.

Acolá, repontam dissensões, demonstrando a instabilidade e a breve duração de convicções humanas, como respostas que invalidariam o trabalho.

Além, permanecem ciladas e artimanhas colhendo muitas pessoas, algumas delas forradas de bons propósitos, aguardando-te.

Persiste na firmeza do trabalho.

O tempo passa igualmente para todos, embora as diferentes posições em que estagiam.

Breve é a duração do corpo e sem limite a da vida.

Espírito imortal, trabalha pelo teu futuro, socorrendo o presente em que estagias com a Humanidade em transição neste momento.

❉

Dir-te-ão que será nulo o teu esforço; que te afadigas por mecanismo de fuga; que trazes feridas morais ocultas; que vives uma sistemática mística; que passarás e tudo ficará como se encontra...

Sabes que não é verdade, tanto quanto a Lei do Progresso é inalienável imposição de que ninguém ou nada se furtará.

Se a planta tenra temesse a chuva torrencial ou sucumbisse ante o Sol, ou se evitasse o vento que lhe enrija as fibras, jamais o carvalho alcançaria a grandeza que ostenta ou a sequoia vararia os milênios, altaneira...

Há muitos extenuados, cansados e vencidos pela inutilidade, pelas permissividades e ganâncias de vária ordem.

Sejam o teu cansaço e extenuamento pela causa do Cristo, na Terra, ressuscitada pela Doutrina Espírita, na condição de Consolador Prometido que, em verdade, à hora predita se apresenta, assumindo o papel que lhe cabe desempenhar no mundo.

32

FANATISMO

Toda e qualquer forma de fanatismo é lamentável.

O fanatismo demonstra pobreza de espírito e prepotência de caráter que se expande em quem o agasalha, pretendendo subjugar, quando não consegue conquistar o opositor.

Responsável por tricas corrosivas e por guerras de longo curso, fomenta ódios inomináveis, que comburem as criaturas que os animam e fulminam aqueles contra os quais são dirigidos.

Na raiz da posição fanática encontra-se a presunção apaixonada, que se atribui o direito exclusivo e pessoal da verdade em detrimento das demais criaturas.

Mesquinho, corrompe a alma, intoxicando-a com morbo deletério de difícil terapia.

O fanático possui uma óptica distorcida a respeito da vida e dos acontecimentos, renteando nas fronteiras de graves desequilíbrios da mente e da emoção.

Enxergando somente o que lhe apraz e convence, muitas vezes oculta a insegurança íntima, geratriz do medo e da incerteza que disfarça mediante uma postura falsa, de superioridade agressiva.

Compraz-se em humilhar aqueles que lhe não compartem as ideias, autorrealizando-se através de artifícios de felicidade e paz que está longe de experimentar.

❊

Bloqueado o discernimento, o fanatismo se instala.

Grassa mais amplamente nos lugares onde a ignorância governa. Apesar disso, domina entre pessoas esclarecidas que se submetem a "lavagem cerebral", perturbando-lhes a razão, desorientando-as.

Em todos os períodos da Humanidade, o fanatismo tem contribuído com pesado ônus que vem dificultando o progresso dos homens e a sua liberdade real.

À medida que se assenhoreia do indivíduo, desumaniza-o, açulando-lhe os instintos primitivos que se sobrepõem à inteligência.

Na sua progressão assustadora, termina por desgastar e consumir aquele que se lhe faz vítima.

❊

Não abdiques, em situação alguma, do uso da razão.

Considera que o conhecimento é infinito. Cada qual se identifica com o saber, na razão direta em que mais estuda, medita e aplica, adquirindo um sentimento elevado de humildade diante de tudo.

Quanto mais se sabe, mais amplo se faz o horizonte da sabedoria, convidativo e atraente.

Porque os homens estagiam em diferentes degraus da evolução, é lícito compreender que adquirem entendimento dentro das próprias possibilidades, não as podendo, de momento, ultrapassar.

Evidente sinal de crescimento moral e cultural é a tolerância em relação aos mais atrasados, aos que pensam diferentemente, com anseio de aprender com os melhores informados, sem a prosápia de deter toda a sabedoria.

Desse modo, não imponhas as tuas convicções aos outros, especialmente as de ordem religiosa.

A fé, racional e clara, é estágio que se conquista a esforço pessoal, intransferível.

Convidado a expor a tua crença, faze-o com naturalidade, sendo sincero para contigo mesmo e fraterno para com o teu ouvinte.

Poupa-te à desagradável e descortês atitude da crítica improcedente às opiniões e confissões alheias.

Demolir sem recursos de edificar é mal de grave consequência.

Sê severo para contigo e permite que os outros sejam liberais na sua forma de vida e comportamento.

O fanatismo faz muitas vítimas, que se desajustam e atormentam os outros nas modernas comunidades da Terra.

Não lhes reforces as fileiras.

Sábio por excelência, Jesus nunca se impôs, jamais se rebelou, não agredindo em circunstância nenhuma.

Instado a polêmicas vazias, devolvia as interrogações e ilustrava o seu pensamento com notáveis parábolas que desanimavam os opositores gratuitos por falta de argumentos deles, sem discutir nem debater.

Simples e convicto, expôs sem impor, apresentando as notícias do "Reino de Deus" sem que se utilizasse de quaisquer sofismas ou artifícios verbalistas, muito do agrado dos polemistas e fanáticos de todos os tempos.

33

A FORÇA DO IDEAL

Antes que a mensagem reencarnacionista de Khrishna alcançasse as vidas que se extinguiam na revolta e na ignorância, o missionário de Mahadeva experimentou opróbrios e humilhações sem conta.

Zoroastro padeceu inomináveis problemas, martirizando-se, em jejuns e dores atrozes, sendo abandonado, nos primeiros tempos, pelos poucos discípulos que o seguiam, preparando a mensagem do Zendavesta.

Bahá'u'lláh, martirizado na Pérsia, sucessor e continuador do Bab, sensibilizou *Abdu'l-Bahá* que, no cárcere, às portas da morte ignominiosa, converteu o guarda que o vigiava, a fim de que a grande e nobre doutrina baseada numa universal consciência moral, na igualdade e unidade dos homens, ganhasse o terreno das mentes humanas, erigindo, na Haifa moderna, a casa Universal da Justiça.

Catarina de Siena, mística e sem cultura, sofreu, de perto, o desdém e as calúnias bem-urdidas pela inveja, enquanto, servindo ao Cristo, sustentava a Igreja decadente e guerreira do século XIV.

Josiah Wedgwood ficou reduzido à extrema penúria até fazer a primeira peça de porcelana inglesa, abraçando um ideal de beleza que logrou a duras penas, após quinze anos de tentativas fracassadas.

Schweitzer padeceu nas mãos dos franceses, durante a Primeira Guerra Mundial, porque a região da Alsácia, onde nascera, em Kaysersberg, era alemã...

Durante a Segunda Grande Guerra foi encarcerado pelos alemães, porque aquela província era, então, francesa...

São os paradoxos das paixões humanas, dos homens apequenados pelos sentimentos inferiores que perseguem os seus irmãos engrandecidos pelos ideais enobrecidos.

❀

Todo ideal que difere das linhas da craveira comum exige o sacrifício de quem o esposa.

Abraçar um compromisso superior é forma de crucificar-se por amor.

Confiar nos valores positivos da criatura e estimular o bem, quando outros fazem o contrário, constitui desafio que se paga com suor e lágrimas, sob as constrições do mal-entendimento e da perseguição gratuita.

Para mudar hábitos morais arraigados, são exigidos muito esforço e constante otimismo.

Para cair, basta deixar-se tombar. A ascensão impõe muito mais do que a indiferença, o desejo rápido.

❀

A força do ideal do bem é inconfundível.

Ao desiderato de trabalhar pelo próprio e pelo bem geral, não contes somente com os resultados felizes, de imediato...

Há muito campo que joeirar e bastante trato de caminho a vencer.

Estima a perseverança e combate o desânimo.

Resguarda-te das influências deprimentes daqueles que te não querem seguir e invejam-te a robustez do ânimo, embora sem se dar conta, insistindo nos teus propósitos.

Não leves em consideração o elogio dos parvos, não lhe dando valor, e desdenha as críticas ácidas dos pertinazes.

Sabes o que desejas alcançar e investe todos os dividendos de fé e coragem de que disponhas, por conseguir.

Quando parecer que a meta será inalcançável e que a solidão é comensal do teu sacrifício, alguém te dirá: – "Bom ânimo! Vem comigo. Eu também não tive companhia, no entanto, venci o mundo."

34

EM TORNO DA FELICIDADE

Diz-se, costumeiramente, que a felicidade real não é encontrada na Terra, com o que anuímos em sã consciência.

Jesus teve ensejo de afirmar: "*O meu Reino não é deste mundo*", como a corroborar que a felicidade não é ainda possível na atual conjuntura da Humanidade terrestre. Não obstante, ela pode ser cultivada no imo de cada criatura, mediante realizações que a plenifiquem, quando diminuindo as penas e as dores do próximo.

Felicidade, como ausência de preocupação e dever, estado de ócio e abundância de coisas, não deixa de ser uma utopia, com que as mentes fantasistas estabelecem metas de gozos e prazeres, em razão de não lograrem o panorama de um estado feliz.

A felicidade pode ser comparada a um bumerangue, quando de retorno a quem o atirou em direção benéfica. Faz-se indispensável propiciá-la aos outros, a fim de que os seus efeitos saudáveis harmonizem aqueles que a espalharam.

Alguém que conta com a armazenagem de produtos alimentícios, objetivando a alta dos preços para ser feliz, precipita e desencadeia a miséria de muitos que o inquietam e atormentam.

Quantos indivíduos que estimulam a usura, mediante processos escusos, para a conquista de fortuna pessoal, terminam amargurados e insatisfeitos sob a coerção dos conflitos que dão gênese a enfermidades diversas.

Quem amealha excesso de qualquer tipo diante da escassez perturbadora, há de experimentar insatisfação e desconforto íntimo, sem conseguir a dita que ambiciona.

Procurando fruir da felicidade interior, aprende a repartir oportunidades festivas com os companheiros que jazem em sombras e angústias pelo caminho por onde avanças.

Não alardeies tuas realizações, fomentando disputas.

Se colocado em posição de relevo no teu grupo social, previna-te contra a inveja, utilizando-te da situação para melhor ajudar.

Qualquer destaque em ti, pode apresentar-se como despeito em outrem.

Se puderes estar ombro a ombro com o teu próximo na lavoura do serviço, será mais fácil conquistá-lo.

Atividade é fator de enriquecimento emocional e social, mas solidariedade é bênção de felicidade para todos.

A sós, ninguém consegue ser feliz.

Pode construir o seu edifício de glória, sem dúvida, com o auxílio dos outros, mas não o fruirá, em paz e júbilos, sozinho.

Otimismo

O egoísmo é fator dissolvente onde se encontre, enquanto a fraternidade é ímã de aglutinação de peças humanas no meio onde cada qual cresce para a vida.

Repartindo-se qualquer valor amoedado ou moral, materializado ou espiritual, ele se multiplicará, produzindo novos recursos e reproduzindo-se em riquezas novas.

Posta em movimentação a moeda do bem, esta estimula a felicidade geral, já que, se negando ao direito do próximo o que se usa apenas como crédito pessoal, a ação se converte em sofrimento para outros sob o comando do desconcerto de quem usufrui desmedidamente.

❀

O dono de hectares de terra não cultivada vive sob o estigma do medo de vê-los tomados por quem não possui um metro de solo para plantar e viver.

O detentor de muitos títulos negociáveis e de moedas movimenta-se ansioso, ante a defasagem dos juros e os receios da queda de preços na Bolsa de Valores.

Os possuidores de joias e tesouros de arte temem perdê-los, guardando-os em cofres-fortes e bancos especiais, impedidos de os desfrutar conforme gostariam.

❀

Aumenta o poder em poucas mãos e generaliza-se o furto em toda parte.

Usam-se técnicas de segurança para preservar-se bens e ampliam-se os quadros da delinquência.

Excessos, desperdícios, acúmulos e exageros da posse respondem por delitos, dores volumosas e pela impiedade da violência.

A felicidade recomenda gerar trabalho, repartir esperança, distribuir alegria, promover a educação, ajudar sempre, porque, assim fazendo, a paz e o bem-estar prevalecerão sobre as demais realidades naquele que a movimente com a participação de todos.

35

CONDIÇÕES ESSENCIAIS

Credores de todo respeito são as tradições de família, o destaque social, a tranquilidade econômica, os vínculos da consanguinidade na construção do progresso humano.

Não obstante, são condições nem sempre essenciais para que se manifestem os grandes condutores do pensamento e líderes da comunidade, capacitados para a promoção do mundo.

Um lar modesto, dificuldade econômica, problemas de saúde não constituem impedimento real para que o homem alcance o fanal do bem, nem atinja as cumeadas da sua superior destinação.

Muitas vezes, tais aparentes obstáculos se convertem em estímulos que propelem às metas todos aqueles que se afadigam por triunfar, colocando em primeiro plano o ideal de que se encontram possuídos.

Homens brilhantes e construtores da Humanidade que se notabilizaram, estiveram, inicialmente, resguardados na obscuridade e na pobreza a fim de que os engodos e facécias não os distraíssem dos compromissos que lhes diziam respeito. Demais, para que não se fizessem vítimas, antes do tempo, das traiçoeiras lutas do orgulho, da vaidade, da inveja, do ciúme nas quais sucumbem inúmeros candidatos à elevação e às tarefas que lhes cumprem desenvolver.

Requerem, antes do berço, esses Espíritos, as dificuldades e os sacrifícios nos quais retemperam o ânimo e fortalecem o caráter com vistas postas nos futuros desafios que enfrentarão e devem levar de vencida.

❋

Vejamos alguns homens que se notabilizaram pelas ações e conquistas logradas, apesar da sua origem humilde na Terra:

Terêncio era escravo.

Horácio nasceu de um fabricante de tendas.

Virgílio descendia de um modesto porteiro.

Homero era filho de um desconhecido rancheiro.

Galileu era muito pobre e seus pais quase nada possuíam.

Cristóvão Colombo teve por pai um tecelão e ele próprio aprendeu o ofício.

Molière descendeu de um tapeceiro.

Cervantes era soldado raso do exército espanhol.

Benjamin Franklin teve como genitor um fabricante de sabão.

Napoleão Bonaparte se originou de uma família desconhecida da Córsega.

George Stephenson nasceu num berço humílimo.

Morse lutou muito contra a sua e a pobreza dos seus pais.

Edison vendeu jornais em sua infância...

A relação é muito grande.

Eles se notabilizaram a esforço e devotamento próprios, abrindo caminhos com decisão e inteligência, através da grande força moral de que se fizeram dotar.

Não pararam a lamentar a situação; enfrentaram-na.

❋

Não te constituam motivos de desânimo a tua origem humilde, a tua situação econômica inexpressiva, a tua família modesta...

Alegra-te, pelo contrário, em razão das circunstâncias em que nasceste, empreendendo a marcha com resolução firme e espírito de sacrifício com o qual já deves estar acostumado.

Após vencidos os primeiros empeços, é mais fácil superar os porvindouros.

Treinado na luta, mais resistências dispões para novos embates.

Começando no anonimato, crescerás sem maiores compromissos com as tradições ou os enganosos títulos transitórios do mundo.

Por fim, recorda que Jesus preferiu a companhia de José e Maria na sua modéstia, às famílias opulentas e tradicionais da Palestina, começando o ministério num berço humílimo, a fim de facilitar a sua glorificação nas duas traves da cruz.

36

Porto de segurança

Desde quando te deixaste arrebatar pela mensagem espírita, que te vês a braços com muitas dores, somadas às tuas próprias dores.

A princípio, atribuías que a revelação te libertaria do sofrimento, facultando-te uma diferente visão da vida e dos acontecimentos.

E estavas com a razão.

A questão, no entanto, é de óptica. Mediante a fé, compreendes melhor as causas e as finalidades da existência corporal, bem como a sua importância para o Espírito, modificando os conceitos que mantinhas.

Isto não quer dizer que seriam eliminados esses efeitos que te alcançam, mas que te ajudariam a gerar causas positivas para uma sega porvindoura.

Aumentando-te a capacidade de compreensão, o serviço se te apresenta como elemento libertador.

Desse modo, tens ouvidos e palavra, interesse e disposição para auxiliar o próximo que transita sem rumo e sem apoio.

Não estranhes que te busquem os aflitos e os aturdidos, os ignorantes e os agressivos.

Dão-te a oportunidade feliz de crescimento pessoal e de felicidade pelo que lhes possas doar.

Unge-te de coragem e atende-os, sustentando-lhes as forças antes da queda total.

A Terra é escola de reabilitação e aprendizagem.

Conforme cada discípulo portar-se hoje, assim viverá amanhã, o que também respeita ao presente em relação ao passado.

Apresenta-te feliz, considerando ser buscado a ajudar, ao invés de estares buscando o auxílio na ignorância das leis.

Não relaciones os problemas que decorrem do cansaço e da continuidade volumosa que te assoberbam cada dia.

Se muitos te procuram, é porque algo em ti encontram, que lhes faz bem.

Coloca-te no lugar deles e perceberás quanto gostarias de receber...

Assim, não te escuses de contribuir.

Se te sentes necessitado de apoio, este não te falta, porquanto já podes dirigir-te diretamente ao Supremo Doador, que te não deixa em desamparo, conforme ocorre em relação a todos e a tudo, com a diferença que somente poucos se fazem receptivos àquele auxílio.

Apoia-te na fé robusta e transfere as alegrias e comodidades para mais tarde, as que agora não podes fruir, em razão da assistência que deves dispensar aos desesperados.

Quando nos dispomos a ajudar, adquirimos uma aura magnética que irradia reconforto e atrai os necessitados de socorro.

Talvez se te apeguem e produzam mal-estar.

Otimismo

Possivelmente, extorquirão as reservas de energias daqueles a quem buscam, numa exploração que não tem sentido.

Provável que se não beneficiem, mesmo quando ajudados...

Estas, porém, são questões que não podes resolver.

Deixa-te conduzir pela esperança e esparze-a, mesmo que sofrendo, sem o dizer, e colocado numa situação de que não tens problemas, o que não corresponde à verdade, prosseguindo, afável e confiante, no rumo do futuro onde está o porto de segurança de todos nós.

37

PERANTE A PAZ

Fator preponderante para a felicidade é a paz.

Base do equilíbrio e da saúde, ela propicia os elementos necessários para que o homem se enriqueça interiormente e observe a vida mediante uma óptica positiva.

Há pessoas que pressupõem encontrá-la somente quando regularizem os problemas e desafios do mundo externo ou se liberem de enfermidades e angústias. Esses têm um conceito equivocado, que se fundamenta numa colocação meramente exterior da realidade, numa suposição de que a paz é uma situação acomodada, sem esforço, quando, em verdade, ela se expressa de forma dinâmica, ativa, com emoções controladas e aspirações bem-conduzidas.

O autoconhecimento que decorre de uma análise correta da finalidade da vida; a reflexão em torno dos acontecimentos do cotidiano; a mentalização dos compromissos sob os ângulos da honestidade e do dever; o hábito da prece como terapia de sustentação dos valores morais, predispõem à paz íntima que não se desorganiza sob quaisquer circunstâncias que surjam ou se manifestem.

Dessa forma, o homem se conscientiza das próprias palavras, atitudes e realizações.

Já não solicita equilíbrio nos outros, torna-se equilibrado; não impõe comportamentos sadios, vive com correção; não se choca ante palavras ásperas nem agressões, faz-se harmônico e compreensível. Irradia paz em vez de esperar absorvê-la no contato com aqueles que não a podem oferecer.

❉

Em favor da expansão da paz, não esperes o que te possam doar os outros.

Se uma palavra pode facultar o desencadeamento dos valores que pacificam, sê tu quem a expresse.

Se o pensamento de equilíbrio faz-se elemento de sustentação da harmonia, projeta-o sem o aguardar em outrem.

Se uma atitude pode influenciar o clima de tranquilidade das pessoas, esforça-te por produzi-la.

Fala e realiza tudo quanto leva à paz, mantendo-te em serenidade.

Emite a voz com vibração de amor, opinando ou esclarecendo.

Age sem precipitação, porque a ação acelerada desarmoniza e inquieta.

Não aumentes o volume daqueles que tudo veem mal, esmiúçam o erro e comentam a agressividade.

Tranquilo, fomentarás o otimismo e manterás a alegria em ti mesmo e em volta dos teus passos.

Vive mais intensamente o amor e o mundo moral mudará de rota.

Não é imprescindível que sejas importante ou famoso, senão que te faças uma força do amor atuante em favor da paz, contribuindo para que ela se torne uma realidade e não uma utopia como afirmam os pessimistas, os distraídos e os atormentados.

Apesar das circunstâncias em que se viu envolvido, Jesus, em momento algum, exorbitou, vivendo e morrendo em paz, ensinando-nos a conquistá-la mediante a integral confiança em Deus e a perfeita consciência do que deveria fazer e fez pela edificação de todos nós.

38

PREGANDO SEMPRE

Observando as pessoas, tens a impressão de que, nestes dias da Informática, todas se encontram esclarecidas e orientadas a respeito da vida.

Supões que reiterar os ensinos morais do Evangelho pode produzir-lhes desagrado e mal-estar, tão ágeis mentalmente se apresentam, nos círculos sociais do mundo.

Algumas vezes, pensas que não há receptividade para os conceitos espíritas de que és portador.

Apresentando-se utilitaristas, essas pessoas vivem ávidas de emoções fortes, saturadas que estão pelos dramas e tragédias de cada hora.

Ocorre que as informações que mais se transmitem, raramente são corretas.

Elaboradas para atender a determinadas faixas, carregam condicionamentos psicológicos que devem atingir finalidades específicas.

Servindo a interesses mui especiais, não visam a esclarecer nem a libertar consciências.

Outrossim, no jogo das paixões a que se arrojam e se exaurem as pessoas, o amor é, ainda, a emoção mais forte, porque muito buscado nas áreas erradas e raramente encontrado para ser vivido.

Além disso, a imortalidade da alma prossegue constituindo um desafio e um mistério para a quase totalidade dos homens.

Ora aparece envolta em fórmulas, símbolos, ritos e praxes; noutros momentos é negada com acrimônia, e, vezes outras, faz-se examinada sob condições místicas.

Portanto, a informação clara e simples produz emulação e constitui motivo para sérias reflexões.

Afinal, todos os que se movimentam no corpo, despir-se-ão dele, quando ele morrer.

É de relevância que se informem todos a respeito do que ocorrerá depois.

❋

Aplica bem o tempo de que disponhas, quando a serviço da mensagem.

Não desperdices oportunidade.

Elucida alguém, quando não o possas fazer a muitos.

O importante é a contribuição, modesta que seja, à obra da libertação espiritual.

O apóstolo Paulo pregava às multidões quando lhe era facultado, todavia, realizava o trabalho de fixação das bases das Igrejas nascentes em cada converso, na intimidade do lar, ou aos pequenos grupos que se acercavam, mais intimamente, sequiosos.

As experiências psíquicas com o Mestre, as revelações de que participava, os fenômenos mediúnicos que vivia, eram relatados com doçura e calor nas reduzidas assembleias, sustentando a fé em despertamento e transmitindo segurança a respeito da Imortalidade.

Ele vivia em razão do porvir.

Seu ontem era lição vigorosa que estruturava o hoje na ação para o futuro.

Nunca desanimou, nem mesmo quando abandonado, padecendo suspeitas atrozes ou apedrejado até quase a morte, como se estivesse ao abandono do Senhor...

Levantava-se do abismo a que o arrojavam e volvia à atividade iluminativa.

Não desperdiçava ocasião.

Todos, na Terra, têm problemas.

Com discrição, atinge-lhes os centros de atenção e conduze-os a Jesus.

Narra com delicadeza, mas com valor, as tuas vivências, sem exibição, tomando o Mestre como exemplo e os Seus discípulos como marcos definitivos do processo de evolução espiritual da Humanidade, quanto te facultem as oportunidades.

Age, no entanto, testemunhando pelo comportamento a tua convicção e, mesmo em silêncio, estarás ensinando alegria de viver e tranquilidade quanto ao futuro imortal.

39

COMPREENSÃO FRATERNAL

Deixa-te plasmar pelas mãos do Celeste Oleiro, qual argila submissa na modelagem das formas para utilidades diversas.

Não recalcitres, adiando a bênção da oportunidade edificante.

No desiderato da própria evolução, considera o companheiro que segue contigo, igualmente carecendo de ajuda no processo da moldagem a que deve ser submetido.

Se ele agride, ferindo os ideais que esposas e magoando as tuas mais caras aspirações, exerce a paciência e dá-lhe tempo para a própria renovação.

Se te evita e afasta-se do teu convívio salutar, permanece no teu lugar, sem ressentimentos, aguardando o seu retorno.

Se te abandona, quando o necessitas, dá-lhe o crédito da compreensão fraternal, porquanto ele não tem ideia do gravame cometido.

Estás, na Terra, para relevantes processos de redenção e sublimação.

Não desperdices as ensanchas, mesmo aquelas que, por enquanto, se te apresentam negativas ou afligentes.

Alguns grãos de trigo nascendo, vivendo e renascendo abençoam uma seara inteira...

Algumas bátegas de chuvas, mesmo esparsas, logram salvar vidas sob o império do estio cruel...

Algum pólen nos rios invisíveis do vento fecunda, noutras áreas, flores diversas reverdecem, favorecendo a natureza mais longe...

Poucas e sinceras palavras dirigidas a alguém sob os camartelos da aflição ou do medo, ressuscitam a esperança e dinamizam a vida...

Paciência e compreensão fraternal, em pequenas doses no dia a dia da existência, transformam-se em estrelas fulgurantes na noite dos desatinos humanos, diminuindo as sombras e apresentando belezas...

Faze-te o mensageiro da compreensão fraternal, tornando os teus, os dias de júbilo e de amor para quantos te cercam, convivendo contigo ou buscando-te nas suas horas graves, difíceis.

Inspirando-te e conduzindo-te sem enfado nem irritação, Jesus trabalha-te com amor, fazendo de ti um graal de bênçãos onde todos encontrem a água viva da fé e da paz.

Desse modo, argila que és, deixa-te modelar pelo amor que d'Ele flui e não te rebeles, mantendo sempre a compreensão fraternal.

40

Mansidão e piedade

Se caminhas sob chuvas de impropérios e maldições, cultiva a mansidão e exercita a piedade.

Se atravessas provas rudes, assoalhadas por aflições contínuas, guarda-te na mansidão e desenvolve a piedade.

Se sofres agressões prolongadas, que se não justificam, permanece com mansidão e amplia a piedade.

Se tombas nas ciladas bem-urdidas, propostas por adversários encarnados ou não, mantém-te em mansidão e esparze a piedade.

Se te açodam circunstâncias rudes e tudo parece conspirar contra tuas lutas de redenção, não te descures da mansidão nem da piedade.

Aclamado pelo entusiasmo passageiro de amigos ou admiradores, sustenta a mansidão e insiste na piedade.

Guindado a posições de relevo transitório e requestado pelo momento de ilusão, não te afastes da mansidão nem da piedade.

Carregado de êxitos terrenos e laureado por enganosas situações, envolve-te na mansidão e não te distancies da piedade.

Recomendado pelas pessoas preeminentes ou procurado pelos triunfos humanos, persevera com mansidão e trabalha com piedade.

Mansidão e piedade em qualquer circunstância, sempre.

❀

A mansidão coloca-te interiormente indene à agressividade dos que se comprazem no mal, e a piedade envolve-os em vibrações de amor.

A mansidão faz-te compreender que necessitas de crescimento espiritual e, por enquanto, a dor ainda se torna instrumento educativo. A piedade evita que mágoas ou sequelas de aborrecimento tisnem os teus ideais de enobrecimento.

A mansidão acalma, a piedade socorre.

Com mansidão seguirás a trilha da humildade e com a piedade prosseguirás retribuindo com o bem a todo e qualquer mal.

A mansidão identifica o cristão, e a piedade fala das suas conquistas interiores.

❀

"Bem-aventurados os mansos e pacificadores – ensinou Jesus –, *porque eles herdarão a Terra"*...

41

AVAREZA E MÁ VONTADE

Censuras a avareza, verberando contra o onzenário que se enclaustra nos cofres onde jaz a fortuna inoperante, perniciosa.

Sem dúvida, a usura é doença de terapia difícil, por depender a sua cura, exclusivamente, de quem se encarcera na paixão da posse, negando-se à liberalidade da assistência fraternal.

A sovinice, no entanto, é mais cultivada entre os homens do que pode parecer à primeira vista. Nem sempre será identificada na criatura que possui uma fortuna e anda andrajosa, exigindo-se incríveis sacrifícios alimentares e de moradia, na loucura devastadora de mais acumular.

Ela pode ser reconhecida na condição de má vontade que se escusa oferecer uma palavra de alento a alguém combalido, embora a pessoa seja detentora de verbo fácil e rico de conceituações elevadas.

Expressa-se com indiferença diante do infortúnio alheio, quando poderia distender mãos solidárias, apesar de se estar em gozo de paz e de relativa felicidade.

Manifesta-se na condição de ciúme injustificado, em face de aquele a quem ama espraiar simpatia e amizade, que ele nega ao seu próximo.

Exterioriza-se de forma deprimente, quando defronta satisfação geral, deixando-se consumir pelo despeito que se disfarça como situação de abandono.

Doutras vezes, assume a condição de irritabilidade, quando alguém desperta afeição e conquista pessoas, assacando contra este vitupérios e acusações infundadas.

Há muita forma de avareza atormentando os homens que cultivam o egoísmo, essa chaga moral atroz, em detrimento da solidariedade, que proporciona clima de saúde e de alegria.

❀

Uma palavra oportuna pode modificar uma ou mais vidas. Entretanto, muitas pessoas a negam por comodismo ou ociosidade.

Pequena cooperação, seja de que for, pode libertar consciências encarceradas em vícios ou alienações. Apesar disso, há quem fuja ao gesto fraterno por ausência de interesse pelo bem-estar alheio.

A tolerância, momentânea que seja, contribui para o reajuste de alguém em desalinho. Sem embargo, muita gente a recusa por não simpatizar com o necessitado.

Um sorriso de cordialidade desperta estímulo, quando uma pessoa tomba nas malhas do desânimo ou da depressão. Embora tão fácil, as criaturas carregam o cenho e passam desinteressadas, pensando nelas próprias.

São, todos eles, avaros dos bens morais, usurários dos valores espirituais, que se encarceraram nas celas da egolatria.

❀

Otimismo

É crueldade asfixiar em cofres as moedas que podem salvar vidas. Mas é maldade, também, aprisionar no silêncio uma conversação gentil, quando alguém nos espera o ensejo edificante.

Fomenta a miséria todo aquele que acumula riquezas, diante das necessidades que seriam saciadas com migalhas. No entanto, estimula o crime o homem que pode ser gentil e faz-se rude, fraternal e se expressa agressivo.

O profissional que não socorre o carente, o enfermo, o aflito, porque são impossibilitados de retribuir-lhe o serviço com dinheiro, é tão responsável pela violência e rebeldia na Terra, quanto o latifundiário que exaure o homem, mantendo-o subjugado e servil.

Quem se situe no estágio do ódio e da indisciplina, negando-se ao serviço da fraternidade que lhe cabe, é igualmente avaro de amor, debatendo-se nas queimaduras do ácido da inveja e da revolta.

❁

O dever é chave que desalgema os prisioneiros na necessidade ou na abastança, libertando-os das situações conflitantes.

Carrasco odiento é a má vontade para com o serviço a benefício do próximo; afinal, luz que se acende n'alma de quem se aprisiona na cela de si mesmo.

Eis por que Allan Kardec, meditando acuradamente nos ensinos dos Espíritos iluminados, estabeleceu com segurança e tranquilidade: "Fora da caridade não há salvação", porquanto é a caridade o maior antídoto à má vontade com o seu séquito de marginais: a ociosidade, a avareza, a indiferença e o desamor.

42

Ascensão espiritual

Indiscutivelmente, a culpa resulta do grau de responsabilidade, da consciência do homem que pratica qualquer ação. Em razão disso, a penalidade ou corretivo deve ser proporcional à capacidade, à resistência do infrator.

Quando a criatura sofre sem conhecimento das causas que a levam à aflição, raramente logra forças para superar-se e suportar com resignação as suas dores.

Eis por que, ante a conjuntura ou situação dolorosa que atinge os homens, somente se pode entender, perante a Divina Justiça, que se a causa dos padecimentos não se encontra na existência atual, está, sem dúvida, em precedentes reencarnações.

Repetem-se as vidas corporais para o Espírito, quantas vezes se façam necessárias para o seu burilamento, a sua plenitude.

Cada etapa repara os erros da fase anterior, ao mesmo tempo contribuindo para a aquisição de valores e experiências que necessitam ser armazenados e que contribuem, poderosamente, para a evolução do homem.

Sem este processo, no qual se manifestam a excelsa justiça e o soberano amor, a vida inteligente perderia o sentido e a criatura humana se transformaria em joguete de caprichosas e incontroladas mãos que lhe conduziriam o destino.

Se não compreendes o porquê das tuas dores atuais, ausculta a consciência e ela te inspirará a entender as causas anteriores, ajudando-te a suportá-las e vencê-las bem.

O sofrimento não tem exclusiva finalidade corretiva, senão educadora, abrindo percepções e facultando valores que não seriam conhecidos sem o seu contributo.

Não menosprezes, por essa razão, a fragilidade orgânica, a celeridade com que transcorre cada ciclo das reencarnações.

Aproveita, quanto possas, as ensanchas que se te apresentem, reunindo experiências positivas, recuperando lições perdidas, realizando trabalhos valiosos.

A pessoa odienta que te molesta; a dificuldade persistente que te perturba; a enfermidade pertinaz que te não abandona; o problema que não dilui; a dor que te estiola; a solidão que te martiriza; a angústia, de origem desconhecida, que te dilacera; a pobreza que te preocupa; a limitação desta ou daquela natureza que te aflige; a inquietação que te espezinha, têm suas raízes em comportamentos infelizes de que te olvidaste, sem os solucionar, e que ora chegam, oferecendo-te ensejo de reparação e de paz íntima.

A conquista da tranquilidade impõe como condição precípua a ausência de culpa, por falta de delito praticado ou como decorrência de erro regularizado.

Ninguém que consiga felicidade real, sem as condições de mérito advindo das ações nobres realizadas.

Os que se apresentam ditosos, tranquilos e não merecem, assim se apresentam, aquinhoados por *dádivas de acréscimo* que todos recebem e nem sempre utilizam como devem, incidindo, então, na compulsória de adquirirem pela dor, o que não realizaram pelo amor.

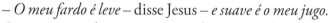

– *O meu fardo é leve* – disse Jesus – *e suave é o meu jugo.*

Com Jesus, todas as injunções de prova e dor transformam-se em bênçãos, graças às mercês de que se fazem portadoras.

Sob o Seu compassivo olhar e nas Suas mãos misericordiosas, o homem que se Lhe doa, supera-se e penetra-se de paz, mediante o amor e a resignação, de que dá mostras no empreendimento da própria ascensão espiritual.

43

VITÓRIA FINAL

A onda crescente de desassossegos, o volume expressivo de inquietações, a manifestação avassaladora das paixões dissolventes, as iniquidades, parecem formar um quadro de dores como dantes jamais vividas na Terra, fazendo crer que o homem avança sob o inexorável perigo de sofrer o golpe da espada de Dâmocles que oscila sobre a sua cabeça, a ponto de tombar...

Um observador menos atento não se dá conta de que a grande ceifa anunciada pelo Evangelho já começou, através da qual a seleção de valores espirituais vem-se dando naturalmente.

Período de provas rudes e graves testemunhos é, também, momento das grandes realizações.

A tempestade que despedaça, também renova o bosque.

O aguaceiro que arrebenta os diques, igualmente reverdece o solo.

As advertências evangélicas assinalam a necessidade do bem, a luta pela superação do egoísmo, a imperiosa necessidade de renovação interior, todavia, a criatura tem marchado desatenta aos deveres enobrecedores, aqueles que promovem interiormente, facultando paz.

Como inevitável consequência, o homem urdiu as graves ocorrências em que ora se debate atônito, receoso...

Não obstante, ainda grassam a incredulidade, o desinteresse pelas atividades espirituais chafurdando na massa informe e desconexa dos interesses subalternos, que terminam por anestesiar-lhe os centros da razão, a princípio, para depois afligi-lo, enlouquecendo-o!

Não há, todavia, por que temer.

Conjugam-se as forças positivas dos ideais superiores, a fim de emular os que privam das aspirações nobres, dando-lhes resistência contra o mal que campeia, desatrelado.

Agasalha-te na confiança em Deus e envolve-te nos tecidos fortes das ações positivas.

Não dês guarida ao pessimismo, nem te permitas sintonia com a azáfama dos derrotistas, aumentando o número dos vencidos...

Evita apoiar a vibração alucinada que agride as tuas resistências morais.

Ouvirás doestos e sofrerás problemas que aumentarão em torno dos teus passos, parecendo impedir-te o avanço.

Não tergiverses, nem te atemorizes.

Tens um compromisso com a vida ideal; estás convocado a renovar a paisagem do mundo.

Une a tua às vozes que musicam o ar de esperanças e apoia as tarefas positivas por mais insignificantes que as consideres.

O Universo é o resultado de moléculas energéticas, infinitamente pequenas, e o colosso das grandes obras resulta da submissão das partículas que lhes constituem as formas.

Tem paciência ante o tempo e não o utilizes precipitadamente.

O amanhã melhor chegará após esta noite tempestuosa.

❋

Quem se detivesse a olhar a cena exterior do Calvário, anotaria nas cruzes três homens vencidos após ações ilegais, que a justiça alcançara...

Sob outro aspecto, examinando os momentos anteriores, poderia supor que o mal generalizado que trocara Jesus por Barrabás vencera as hostes invisíveis da Verdade.

Apesar disso, aprofundando a análise e esperando um pouco, constataria que o Justo se alçava, do túmulo aberto, em madrugada esplendente de ressurreição, que até hoje e por todo o sempre representa a vitória final da vida sobre a morte e do bem sobre o mal.

44

FILHOS ALHEIOS

Ei-lo, rude e soberbo, que te afronta, desrespeitoso e ingrato, exaurindo-te as reservas de ânimo e deixando-te em lamentável estado emocional.

Insensível aos teus apelos e indiferente às tuas colocações, apresenta-se marcado por fundos traumas dos quais não tens culpa, olhar desvairado, parecendo estar a um passo da loucura, amedrontando-te e inspirando-te a desistência do ideal educativo.

Tomando atitude vulgar, suas palavras são chulas ou brutais, passando, através do tempo, a desconsiderar-te, como se a tua fosse a tarefa de servi-lo e deixá-lo à vontade.

É gentil, quando estás de acordo como os seus desejos absurdos, anelando por uma vida ociosa e desprezível. Tão pronto lhe falas em dever, obrigações, rebela-se, resmunga, desobedece e ameaça.

Estás a ponto de o abandonar.

Indagas-te, muitas vezes, pela criança indefesa e necessitada que recebeste nos braços, requerendo-te ternura e amor... Através das recordações, revês o corpo frágil e enfermo que cuidaste e atendeste com esperanças de preparar um cidadão para o mundo, um homem para a sociedade!

Não pode ser o mesmo, este agressivo adversário, o menino que albergaste no coração!

❊

Ali está a mocinha petulante e voluntariosa, exigente e inquieta.

Intoxicada por anseios de liberdade exagerada, extravasa amargura e faz-se revoltada por depender das tuas mãos vigorosas que a impedem, momentaneamente, de complicar-se, tombando no fosso de dores que lamentará mais tarde.

Astuta, pensa que te engana, traindo a tua confiança e fugindo ao maternal apoio que lhe dispensas, voluntariamente desconectando as engrenagens do equilíbrio.

Observando-a, menina-moça audaciosa, perguntas pela criança fraca que te chegou, há pouco, e a quem amaste com devotamento e carinho.

Parece que isto não pode acontecer contigo: receber urze após haver semeado flores e sorver fel na taça em que doaste linfa benfazeja! A realidade, porém, é mais forte do que os planos que acalentaste de felicidade, e temes não dispor de mais forças para continuar.

Filhos alheios são, também, filhos de Deus.

❊

Perguntas-te se valeu o investimento dos teus melhores anos de vida, que lhes ofertaste, em face dos resultados que recolhes.

Toda a aplicação do bem sempre retorna um dia.

Não te assustes nem temas ante os precipitados momentos da alucinação que toma conta da atualidade histórica.

Redobra a capacidade de amor e não te desapontes.

❊

Otimismo

Se o rebelde fora teu filho ou tua filha, isto é, se nascido do teu corpo, como procederias?

Deixá-lo-ia ao abandono, porque é doente moral e se encontra em crise emocional?

Pergunta às mães sacrificadas, que não desistem nem abandonam os filhos, e elas nublarão de lágrimas os olhos, informando-te que, assim mesmo, os amam e porfiarão até o fim.

Pensas que ainda podes gozar uma vida melhor, livre de problemas e de tais inquietações.

Onde está, porém, essa paisagem de lazer e de paz, na Terra?

Se não recebes o retributo do bem próximo que fizeste, é porque te estão chegando os efeitos do mal que realizaste antes.

Chegará a vez da colheita da paz, cuja semente de amor depuseste no solo dos corações da carne alheia, que aceitaste como tua oportunidade de redenção.

A criança risonha cresce, e sua face, às vezes, se altera e deforma.

O futuro, no entanto, trabalhá-la-á de modo a despertar para o certo e o verdadeiro sentido da vida.

Nunca te arrependas do amor que doaste a alguém, nem te aflijas em face da resposta benéfica que ainda não chegou.

Tem paciência e insiste mais.

Continua amando a criança e compreenderás o adulto atormentado.

São doentes, sim, os filhos alheios a quem amas e que te não reconhecem o carinho, como o são também os filhos da própria carne, que se debatem nas armadilhas da desdita, tornando-se arrogantes e perversos, desconhecidos e prepotentes.

Com Jesus aprendemos que o amor deve enfrentar os desafios da dificuldade, robustecendo-se na fé e servindo com as mãos da caridade até a plenitude, quando o homem, regenerado, esteja numa Terra feliz que ele mesmo edificará.

Contemplarás, então, a gleba humana ditosa e te alegrarás pelo quanto contribuíste para que ela se fizesse plena.

45

Sem fadiga nem desânimo

Neste dias difíceis para a Humanidade, terás notado as convulsões sociais dilacerando as esperanças da grande mole de criaturas, num crescendo doloroso; a onda gigante do desequilíbrio levando de roldão expressivo número de construções da fraternidade; avalanches contínuas de perturbação soterrando planos elaborados com cuidado, parecendo que não há lugar para o bem, para o belo ou para o amor.

Amigos que ontem se apresentavam risonhos e otimistas, reaparecem carrancudos e aturdidos.

Companheiros que se empolgaram por ações edificantes, ressurgem magoados e pessimistas.

Idealistas que te propuseram excelentes planos de solidariedade, retornam silenciosos, como que esquecidos do que haviam promovido.

Simpatizantes de uma filosofia pacifista, que lutavam em favor da ecologia e dos "direitos humanos", volvem irritadiços e decepcionados.

Em face destes e de outros insucessos, concluis que não vale a pena porfiar nos objetivos superiores que abraças, tão negativos são os resultados das tentativas de elevação e engrandecimento humano.

Embora lamentes os desertores, sofres a tentação de os imitar, alegando que as tuas forças atingiram o pique das resistências morais.

Não formules, porém, conclusões apressadas, que resultam de uma contaminação sutil que te alcança a longo prazo.

Nos empreendimentos de qualquer natureza, é normal que muitos candidatos recuem ou estacionem, desistam ou se demorem molestos, o que, afinal, não constitui regra geral.

Mede-se a grandeza de um ideal pelos efeitos que produz, bem como pela persistência de quem o expõe.

❁

Identificado com a Verdade, a tua não pode ser a atitude bisonha ou insegura daqueles que a ignoram.

Não desconheces que toda ação produz uma reação equivalente, e, no campo moral, a conquista é feita mediante a expressão do investimento.

O esforço que desenvolvas pela produção do bem, na Terra, num enfrentamento consciente contra o mal, a todos auxiliará, proporcionando-te paz e renovação.

Quando as dificuldades do serviço faziam-se mais graves, o apóstolo Paulo exorou ao Mestre que lhe não deixasse a "caridade esfriar no coração", dando continuidade ao seu ministério.

Quando as forças pareciam exauridas pela enfermidade e pelo cansaço, Teresa d'Ávila suplicava, em preces, reforço de energias, de modo a prosseguir no seu apostolado.

Quando todas as portas se lhe fecharam ao ideal de vivência do Cristianismo puro, Francisco de Assis suplicou a divina ajuda e continuou nos objetivos que abraçava.

Otimismo

Quando Jan Huss se sentiu traído e vilipendiado pelos melhores amigos e companheiros de fé, confiou na pureza dos seus sentimentos e, orando, entregou-se ao martírio sem qualquer rancor.

Quando Lutero propôs-se à Reforma, viu e sofreu de perto a ingratidão dos amigos e primeiros incentivadores, experimentando humilhações e vinganças gratuitas que, ao invés de diminuir-lhe o ânimo, mais o impulsionaram para abrir um ciclo novo no comportamento religioso dos homens...

Os teus são propósitos elevados que objetivam auxiliar a mudança da paisagem espiritual do planeta, desde que os haures na fé raciocinada e lógica, libertadora de consciências.

Não te fadigues, nem desanimes.

Se outros tombaram, avança tu.

Se muitos desistiram ou pararam, persevera tu.

Disputa a satisfação de prosseguir, quando diversos desertaram, aferindo, na lição, a qualidade dos teus sentimentos.

O bem que invistas retornará como felicidade que não esperas.

A fagulha, à solta, é ameaça de incêndio.

O rio canalizado, faz-se força produtiva.

Disciplina as tuas aspirações e conduze-as com segurança a benefício geral.

Não te sirvam de exemplo os maus exemplos.

Fita os cimos, estimulando-te para galgar os impedimentos e alcançarás as alturas.

Se Jesus se detivesse a considerar os fracassados e temerosos, os desanimados e desertores, os pessimistas e depressivos, não teria vindo trazer e viver a mais empolgante lição de que se tem notícia – o Amor sem retoque, em doação total.

46

AGASTAMENTO

Inquietas-te ante as perturbações que se generalizam. Irritas-te diante de pessoas impertinentes ou acontecimentos desgastantes.

Afliges-te, considerando problemas que te chegam, solicitando-te serenidade.

Perturbas-te, quando não aceitam as tuas propostas, embora trabalhadas com boa intenção.

Desequilibras-te, quando os fatos não sucedem de acordo com os teus critérios.

Experimentas mal-estar, enfrentando situações imprevisíveis, desagradáveis.

Outras manifestações de distonia emocional se expressam amiúde, na tua luta cotidiana, ferindo-te os sentimentos e fazendo-te agasalhar desnecessários agastamentos.

O agastamento é um estado doentio que conduz à cólera, terminando por engendrar patologias de ódio, que produzem enfermidades de alto porte com perspectivas de difícil recuperação.

❀

Cuida-te em preservar a tua paz íntima.

Não te deixes intoxicar pelos vapores mórbidos do melindre, que é o iniciador dos estados de perturbação.

Se não te sentes compreendido, mesmo que estejas com a razão, aproveita para ensinar, pelo exemplo, a tolerância e a fraternidade.

Se defrontas óbices e abismos morais ou físicos no teu pelejar na busca do progresso, medita e valoriza a oportunidade, aceitando o desafio por cujo esforço adquirirás experiência e sabedoria para futuros cometimentos libertadores.

Se reina a má vontade em volta dos teus passos, seja este o teu momento de doar simpatia e estabelecer linhas de bondade.

Se ocorrem insucessos nos teus tentames de realização, não te arrebentes sob a *virose* da cólera, antes repete o expediente aprimorado pela lição que não pôde resultar positiva.

Sempre poderás resguardar-te do agastamento, que ceifa ideais, desarmoniza corações e mentes que abraçam os nobres serviços da Humanidade.

Agasta-se o homem na família, por motivos nenhuns; no trabalho, vitimado pela insatisfação; na rua, em face da perturbação geral; no momento do recreio, porque não logra fruir até a exaustão, e, lentamente, faz-se pessimista, irritadiço, aprimorando uma óptica negativa, mediante a qual tudo vê sob as torpes angulações do próprio desequilíbrio.

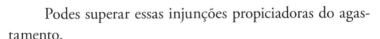

Podes superar essas injunções propiciadoras do agastamento.

Exercita-te na bondade e cultiva a esperança no convívio fraternal, dando mais do que recebendo.

Com essa atitude positiva ante a vida, estarás realizando uma contínua psicoterapia preventiva que te imunizará contra muitos males de ordem íntima, geradores de tormentos e enfermidades ainda não diagnosticadas.

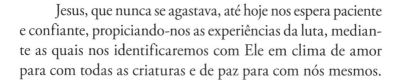

Jesus, que nunca se agastava, até hoje nos espera paciente e confiante, propiciando-nos as experiências da luta, mediante as quais nos identificaremos com Ele em clima de amor para com todas as criaturas e de paz para com nós mesmos.

47

LIÇÃO DIFÍCIL

Transcorridos vinte séculos após o discurso do apóstolo Paulo, no Areópago de Atenas, reprochando os costumes gregos de adorarem os deuses, não obstante o culto ao "Deus desconhecido", os homens continuam vinculados aos hábitos atávicos da fé religiosa.

Em nome de Deus matam, disputam no campo das paixões dissolventes, infrenes, produzem males de que se fazem vítimas ao longo dos tempos.

Procurando recuperar-se espiritualmente, oferecem tesouros arrancados da terra, que já pertencem à Divindade, e buscam conciliar os valores passageiros com os bens incorruptíveis do Espírito. Com todo o respeito aos belos monumentos de arte, vemo-los, também, dedicados ao vício e à arbitrariedade.

No seu discurso arrebatado, o "pregador dos gentios" foi claro, conciso e incisivo ao dizer: "O Deus que fez o mundo e tudo o que nele há, sendo o Senhor do Céu e da Terra, não habita em santuários feitos por mãos dos homens, nem é servido por mãos humanas, como se necessitasse de alguma coisa, visto que Ele mesmo dá a todos a vida, respiração e todas as coisas..."[1] – conclamando os ouvintes a doar sacrifícios morais, os que, realmente, beneficiariam o ofertante e são aceitos pelo Pai.

Ali era o lugar dos julgamentos atenienses!

É claro que não houve ouvidos, de momento, para a sua palavra, como os não há ainda hoje, quando se faz uma conclamação à renúncia, ao amor, à caridade sem místicas.

Um homem e uma mulher, porém, ouviram-nO e compreenderam o conteúdo do ensino, sensibilizando-se de tal modo que seguiram o discípulo, iniciando a Igreja em homenagem ao Mestre. Foram Dionísio, também chamado o *areopagita*, e Dâmaris, que se fez dedicada servidora da Boa-nova.

❀

Os deuses da atualidade mudaram de nome, prosseguindo os mesmos de ontem, atraentes e perturbadores.

Disfarçados e bem-apresentados, não ocultam, totalmente, os perigos de que se fazem portadores.

Uns anestesiam os centros da razão, outros esfacelam os sentimentos, diversos enlouquecem...

Aí estão nos moldes da luxúria, da volúpia, da embriaguez dos sentidos físicos, da alucinação sexual e toxicômana, da sordidez e da ambição, arrebatando as vítimas que, espontaneamente, tombam-lhes nas mãos...

❀

Resguarda-te deles.

Ora e recompõe-te, quando provocado por eles.

Medita e vence-os, antes que te subjuguem e destruam.

Não valem a tua paz, quanto te possam alucinadamente oferecer.

---

1. Atos dos Apóstolos, 17:23 a 25 (nota da autora espiritual).

Sacrifica os desejos angustiantes a Deus pela alegria de O amar e penetra-te, oportunamente, da Sua presença.

Se desejares realizar algo mais, torna-te Suas mãos, Sua voz e anuncia aos *ouvidos moucos* do mundo a Sua misericórdia, a fim de que se informem, despertando os que dormem, de modo que, lúcidos, encontrem a felicidade de viver.

Não aguardes imediata compreensão nem aplausos.

Há interesses que lutam por manter o atual infeliz estado de coisas. Todavia, faze o que te compete e dá-te "por servo inútil", que apenas realiza o que te é determinado.

Todos os que vivem no corpo, perdem-no.

Todos ressuscitam, cada um conforme vive.

Sacrificando os interesses humanos aos superiores desígnios, ressuscitarás em perene amanhecer de paz, sem dor, sem angústia, após viveres esta difícil lição.

48

ALÉM DO CORPO

O processo biológico, que se inicia na concepção e termina no túmulo, é feito de acontecimentos incessantes, em mecanismos de morte e transformação, num todo contínuo que faculta a realidade humana no campo da forma.

A morte, por isso mesmo, não significa o aniquilamento da vida, antes representa uma brusca mudança na área dos fenômenos orgânicos, abrindo um ciclo novo para outras realidades.

A paralisação cadavérica é apenas ilusória, demonstrando a incapacidade do observador em penetrar-lhe as expressões mais íntimas.

No corpo sem movimento, vidas microscópicas agitam-se obedecendo às leis vigorosas que trabalham pela transformação biológica, sem que ocorra o fim ou a destruição.

Igualmente, o silêncio tumular decorre da insuficiência de percepção por parte daqueles que prosseguem na romagem carnal.

A vida é todo um complexo de mecanismos vários em circuito perfeito, fechando um ciclo para iniciar outro, em ininterrupto progresso através das formas objetivas a se diluírem, até volver à energia pura.

A inteligência, em razão disso, não é patrimônio do cérebro que a exterioriza, mas sim, uma conquista do Espírito eterno, que a adquire ao longo das experiências da evolução mediante as inumeráveis etapas reencarnatórias.

Quando se completa um período, desdobra-se outro, que é resultante do somatório das aprendizagens e conquistas que constituem o patrimônio através do qual o Espírito programa o próprio futuro.

Cada etapa ressuma as fixações adquiridas na anterior, trabalhando o campo das conquistas ou perdas, propiciadas pelo uso da razão.

A vida física, em consequência, é de vital importância para o crescimento espiritual. Ciente de que, um dia, por fenômeno natural ou acidentalmente, aquela se interrompe, cumpre a toda criatura produzir com equidade e agir com sabedoria, ao mesmo tempo preparando-se para a própria transferência do domicílio celular, bem como para a tranquila e confiante aceitação da ocorrência naqueles que lhe são amados.

❋

Ninguém se encontra imune ao fenômeno da morte.

Enquanto tal não sucede, prepara-te emocionalmente para esta ocorrência que te alcançará.

Pensa no amor com que envolves os familiares e afetos a respeito da transitoriedade do corpo, equipando-te de coragem e resignação para o momento da despedida material.

Conscientiza-te de que o fenômeno da morte interrompe somente a função biológica do corpo, no entanto, além dele, a vida estua e os que se desprendem da matéria continuam vivendo.

Educa a mente e corrige a óptica religiosa em torno da imortalidade, a fim de que, convidado ao testemunho de fé ante a tua ou a desencarnação de algum afeto a quem te vincules, mantenhas uma atitude nobre e positiva, de fé e esperanças no futuro.

❁

Não lamentes aquele que partiu, nem te consideres inditoso porque ficaste na Terra. Talvez preferisses ter seguido em lugar do ser amado. Possivelmente, anelas por acompanhá-lo, desencarnando também. No entanto, se reconsiderares a posição mental, poderás auxiliá-lo, prosseguindo no exercício do bem, trabalhando pelo teu e pelo futuro dele, ante a expectativa do reencontro que se dará e para o qual deverás estar em condição feliz.

Resguarda-te na irrestrita confiança em Deus quando colhido pela presença da morte no teu lar, e labora com amor o mundo íntimo, acendendo uma luz de esperança que colocarás no caminho do viajor que parte.

Nunca estarás em esquecimento ou abandono.

Alonga a tua prece em favor dos entes queridos que te anteciparam no retorno à vida e confia no abençoado amanhã que desfrutarás.

❁

A saudade, que a ausência física produz, é dor pungente; as lembranças, que permanecem, tornam-se angústia ante a ideia errônea de que não se repetirão aqueles acontecimentos; a falta do corpo transforma-se em constrição desoladora...

Se, porém, reviveres as alegrias sem exigências de novos sucessos; se agradeceres pelas horas felizes que foram fruídas e alongares o pensamento até onde se encontram os seres queridos, serão estabelecidos novos vínculos de abençoado intercâmbio que te sustentarão, ajudando-te até o momento da tua libertação, quando o ser querido virá receber-te na aduana da paisagem nova.

Jamais olvides que além do corpo há vida que pulsa e se movimenta em harmonia e crescimento neste universo de Deus.

49

Ansiedade

Característica de identificação do homem de fé é a paz de espírito.

A crença honesta propicia equilíbrio, fomentando a harmonia, de que se nutre a criatura no rumo da sua evolução.

A confiança irrestrita em Deus dulcifica o homem, auxiliando-o a compreender os acontecimentos e as realidades da vida, de que se utiliza em forma de experiências promotoras da felicidade.

Num temperamento irrequieto, a fé se assinala pela mudança de atitudes que impõe, desde que se modifica a forma de ver a vida e os seus sucessos, dando a cada coisa e ocorrência o valor exato que se lhe faz correspondente.

Amadurece-lhe o entendimento e o descortino se agiganta, transformando os mecanismos de ação e desenvolvimento da personalidade, que melhor se integra no contexto da sociedade na qual se encontra.

A ansiedade traduz desarmonia interior, insegurança e insatisfação.

É a crença no inconformismo, do qual decorre a incerteza em torno das ocorrências do cotidiano.

O ansioso perturba-se e perturba.

No seu estado de ansiedade, desgasta-se e exaure aqueles que se lhe submetem ou com quem convive.

A ansiedade pode ser considerada como um fenômeno de desequilíbrio emocional.

Littré, o eminente pensador positivista, afirmava que a "inquietação, a ansiedade e a angústia são manifestações de um mesmo estado".

Mediante exercício da vontade e recorrendo-se à terapia especializada, a ansiedade se transforma em clima de paciência, aprendendo a aguardar no tempo, na hora e no lugar próprios, o que deve suceder.

❀

Se experimentas contínuos estados de ansiedade, para a meditar e propõe-te renovação de conceito espiritual.

Usa o medicamento da fé consoladora e reserva-te a confiança no futuro.

O que não consigas realizar agora, fá-lo-ás depois.

Nem te permitas a negligência perturbadora, tampouco a ansiedade desesperada.

Se, todavia, mediante o esforço mental na disciplina dos hábitos, não conseguires a paz de espírito por que anelas, recorre aos passes e à prece, que te evitarão a queda no abismo da angústia.

Permanecendo, no entanto, o estado irrefreável da ansiedade, recorre à Ciência Médica para atender aos teus implementos nervosos e auxiliar-te a maquinaria orgânica.

O egoísta faz-se ansioso.

Otimismo

O prepotente, na marcha da volúpia alucinada, vive ansiosamente.

Os triunfadores da ilusão e os arquitetos da mentira tornam-se ansiosos, entre frustrações e medos.

A consciência atormentada pelos remorsos ou estigmatizada pelos erros, sofre de ansiedade.

❀

Todos aqueles que, através da fé legítima, fixam-se nos ideais da benemerência e da construção do mundo novo de amanhã, são calmos e confiantes, superando a ansiedade, que somente se lhes instala na emoção quando esta vive o desejo de alcançar o "Reino de Deus" pelo qual se fascina e luta.

Jesus, por excelência calmo, demonstrou-nos, em todos os instantes do Seu messianato, que a ansiedade n'Ele não encontrou sintonia, marchando sempre sereno em todos os transes, até a Cruz de ignomínia que Ele vestiu de luz, prosseguindo na Ressurreição discreta em plenitude de paz e de confiança em Deus, para sempre.

50

INFORMAÇÃO PLENIFICADORA

O teu esforço pelo esclarecimento e equilíbrio das consciências humanas deve prosseguir sem desfalecimento. Muitas ocorrências e sucessos inditosos que tomam corpo e se assenhoreiam das criaturas resultam da ignorância da vida espiritual.

Há muito desconhecimento das verdades espíritas.

Existem os que se negam a ouvir, a ler, a informar-se sobre a sobrevivência da alma à morte física, perturbados pela teimosia ou pelo cepticismo pertinaz.

Predomina a massa das pessoas que parecem conhecer as linhas básicas da fé imortalista, porém somente parecem...

Ouviram falar e acomodaram-se.

Aceitaram notícias e não foram além.

Adaptaram-se às conveniências religiosas, sem maior esforço.

Umas pensam, ainda atadas às superstições e ao sobrenatural, receosas, afastando-se da técnica libertadora.

Outras se supõem suficientemente esclarecidas e guardam distância.

A grande maioria nada conhece, senão aquilo que não corresponde aos fatos, vinculada às opiniões perniciosas e aos conceitos de acusação sem fundamento.

Faz muita falta o discernimento espiritual correto, que a mensagem espírita proporciona.

❁

A informação espírita é de alta importância para a vida. Quem a teme, desconhece-a.

Quem a desconsidera, antes de tê-la, está com atrofia da razão. Quem a conhece e não a usa, encontra-se enfermo.

O esclarecimento, que decorre da informação espírita, é luz que espanca as sombras da ignorância, apontando as retas estradas para vencer com equilíbrio e segurança.

Muita gente movimenta-se na fé religiosa, todavia, sem rumo certo nem segurança no passo.

Propõe-lhe a orientação espírita.

Multidões inteiras vinculam-se a correntes religiosas sem emoção e sem confiança.

Fala-lhes da fé espírita raciocinada.

Os que se obstinam contra são candidatos em potencial.

Os que a ridicularizam, necessitam-na com urgência, ora se evadindo de assumi-la por preconceito vão ou pura imaturidade intelectual e emocional.

❁

Evoca os que se negaram ao Cristo.

Pilatos, que não teve coragem de defendê-lO da fúria farisaica, enlouqueceu de remorso.

Gaio Cassius, que O trespassou com uma lança na cruz, seguiu-O depois, *renascido espiritualmente* sob o nome de Longinus.

Saulo, que O detestava, apaixonou-se e deu-se até a morte, *ressuscitado inteiramente* como Paulo.

Não cesses de trazê-lO ao mundo de hoje, mediante a informação plenificadora do Espiritismo.

51

VITÓRIAS AMARGAS

Cessada a força brutal da guerra avassaladora, a paz reedifica dos escombros o que foi devastado.

As vidas sacrificadas pela fúria da violência não podem ser recuperadas pelos esforços técnicos e econômicos.

Os sinais da destruição lentamente são retirados, porém as marcas emocionais permanecem.

Os triunfadores, a pouco e pouco, perdem as cidades vencidas, que se levantam sob o estímulo das bandeiras nacionais, gerando novos conflitos que procuram conduzir à liberdade.

As gerações novas, ignorando as tragédias de que se tornaram vítimas, fomentam novas lutas, e a inquietação permanece.

São amargas todas as vitórias de um dia, em que o homem pensa haver vencido outro homem, ou nações supõem logrado o triunfo sobre outras nações.

A marcha inexorável do tempo transforma, na mesma opinião do mundo, os heróis de hoje em verdadeiros bandidos, e traidores de ontem em nacionalistas de valor a serviço de ideais que os seus contemporâneos não puderam compreender.

Não obstante, indesejado ou malcompreendido, só o ideal do bem vence as épocas e as culturas, acenando esperanças de paz e vitórias felizes.

O instinto, que predomina, por enquanto, em a natureza humana, faz a criatura belicosa.

Todos os triunfos externos resultam sempre em acerbas aflições.

Enquanto as lições do Evangelho não governem as mentes e os sentimentos dos homens que dirigem e dos que são dirigidos, as dores dos distúrbios guerreiros permanecerão.

A paz, estabelecida nos gabinetes, faz recordar a serenidade das águas paradas, que escondem peste e morte, aguardando o momento de revelar-se. Enquanto dura, armam-se os homens em nome da preservação do equilíbrio, esperando o momento da eclosão de novas e mais terríveis batalhas.

Uma guerra sucede a outra como se fosse a última, chegando ao paroxismo de pretender-se exterminar continentes inteiros com toda a forma de vida que neles habita, em arriscadas tentativas de um confronto para o aniquilamento geral.

Loucura humana que se não compadece da vida!

Supondo-se deuses, os guerreiros alucinados, na atualidade, olvidam ou subestimam Deus e Suas Leis, fazendo-se, sem dar-se conta, instrumentos da evolução que se impõe com ou sem anuência dos homens colocados no inevitável processo do progresso espiritual.

Tentando retardar a marcha desse progresso, porque vitimados pela violência, tornam-se vítimas de si mesmos, não prejudicando, senão, a quantos se lhes afinam, sem que, hoje ou mais tarde, liberem-se do infeliz atavismo da violência, seguindo o mecanismo do amor, que é infalível, na escalada ascensional da vida.

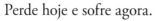

Perde hoje e sofre agora.

Sejam as tuas as vitórias sobre ti mesmo, aquelas que não laureiem com as mãos trêmulas da ilusão.

Superando as transitórias vitórias amargas, permanece acendendo o lume da esperança nas criaturas em sombras e emulando-as a vencerem-se, com o que triunfarão em definitivo.

52

FANTASIAS MEDIÚNICAS

O exercício da mediunidade através da diretriz espírita é ministério de enobrecimento, atividade que envolve responsabilidade e siso.

Não comporta atitudes levianas, nem admite a insensatez nas suas expressões.

Caracteriza-se pela discrição e elevação de conteúdo, a serviço da renovação do próprio médium, quanto das criaturas de ambas as faixas do processo espiritual: fora e dentro da carne.

Compromisso de alta significação, é também processo de burilamento do médium, que se deve dedicar com submissão e humildade.

Exige estudo contínuo para melhor aprimoramento de filtragem das mensagens, meditação e introspecção com objetivos de conquistar mais amplos recursos de ordem psíquica, e trabalho metódico, através de cujos cometimentos e ritmo de ação propicia mais ampla área de percepção e registro.

Em razão disso, a mediunidade digna jamais se coloca a serviço de puerilidades e fantasias descabidas, fomentando fascinação e desequilíbrio, provocando impactos e alienando os seus aficionados...

Não se oferece para finalidades condenáveis, nem se torna móvel de excogitações inferiores, favorecendo uns em detrimento de outros.

❋

Corrige a óptica da tua colocação a respeito da mediunidade.

Sê simples e natural no desempenho do teu compromisso mediúnico.

Evita revelações estapafúrdias, que induzem a estados patológicos e conduzem a situações ridículas.

Poupa-te à tarefa das notícias e informações deprimentes, *desvelando* acontecimentos que te não dizem respeito e apontando Entidades infelizes como causa dos transtornos daqueles que te buscam.

Sê comedido no falar, no agir, no auxiliar.

Reconhece a própria insipiência e dependência que te constituem realidade evolutiva, sem procurar parecer missionário, que não és, tampouco privilegiado, que sabes estar longe dessa injusta condição em relação aos teus irmãos.

Não uses as tuas faculdades mediúnicas para ampliar o círculo das amizades, senão para o serviço ao próximo, indistintamente.

Deixa-te conduzir pelas correntes superiores do serviço com Jesus e, fiel a ti mesmo, realizarás a tarefa difícil e expurgatória com a qual estás comprometido, em razão do teu passado espiritual deficiente.

❋

Jesus, o Excelente Médium de Deus, jamais se descurou, mantendo a mesma nobre atitude diante dos poderosos do mundo quanto dos necessitados, dos doutos como dos incultos, dos ataviados pela ilusão, amando e servindo sem cessar.

Nunca atemorizou alguém com revelação superior à capacidade dos Seus ouvintes, e mesmo quando se reportou aos acontecimentos renovadores do futuro, no "fim dos tempos", envolveu em símbolos as Suas palavras, anunciando as alegrias e esperanças do "Reino dos Céus", que então se estabelecerá na Terra.

53

SINTONIA NA MEDIUNIDADE

A questão da sintonia vibratória é de real importância nos cometimentos da educação.

À medida que o estudo faculta o conhecimento dos recursos medianímicos, a compreensão da vivência pautada em atos de amor e caridade fraternal propicia um eficaz intercâmbio entre os Espíritos e os homens, que dos últimos se acercam atraídos pelos apelos, conscientes ou não, que lhes chegam do plano físico.

Dínamo gerador e antena poderosa, o cérebro transmite e capta as emissões mentais que procedem de toda parte, num intercâmbio de forças ainda não necessariamente catalogadas, que permanecem sem o competente controle capaz de canalizá-las para finalidades educativas de alto valor.

Nesse contubérnio de vibrações que se mesclam e confundem, gerando perturbações físicas e psíquicas, estimulando sentimentos que se desgovernam, o campo mediúnico se apresenta na condição de uma área perigosa quando não convenientemente cultivado.

Em razão desse inter-relacionamento vibratório, mentes desencarnadas ociosas ou más estabelecem conúbios que desarticulam o equilíbrio dos homens, dando gênese a problemas graves nos diversos e complexos setores da vida.

Agastamento e dispepsia, irritação e úlceras, cólera e gastrite, ciúme e neurose, mágoa e distonia emocional, revolta e dispneia, ódio e extrassístole entre outros fenômenos que aturdem e enfermam as criaturas, podem ter suas causas nessa sintonia generalizada com os Espíritos, quer encarnados ou desencarnados.

Quando diminuem, no organismo, os fatores imunológicos, sob qualquer ação, instalam-se as infecções.

Campo descuidado, vitória do matagal.

Águas sem movimento, charco em triunfo.

Órgãos que não funcionam, atrofia em instalação.

❋

Indispensável ergueres o padrão mental através do conhecimento espírita e da ação cristã.

O estudo dar-te-á diretriz, oferecendo-te métodos de controle e disciplina psíquica, enquanto a atitude conceder-te-á renovação íntima e conquista de valores morais.

A mente voltada para os relevantes compromissos da vida harmoniza-se, na mesma razão em que as ações de benemerência granjeiam títulos de enobrecimento para o seu agente.

Os Espíritos superiores respondem aos apelos que lhes são dirigidos conforme a qualidade vibratória de que eles se revestem.

Eis por que a paciência no contato com a dor dos semelhantes envolve o ser numa aura de paz, com sutis vibrações específicas que emitem e recebem ondas equivalentes.

Da mesma forma, a atitude pacífica e pacificadora, o exercício da caridade como materialização do amor fraternal, o perdão indistinto e a compreensão das faltas e deficiências alheias proporcionam um clima vibratório que atrai as Entidades elevadas interessadas no progresso do mundo e das criaturas que nele habitam.

Mente e sentimento, cultivando o estudo e o bem, transformam-se em usina de elevado teor, emitindo e captando mensagens superiores que trabalham para o bem geral.

❈

Num momento de sintonia superior, Simão Pedro registrou o pensamento do Pai, afirmando ser Jesus o Messias esperado. Logo depois, atemorizado e enfraquecido, recebeu a ideia dissolvente de Espíritos vulgares, que se candidatavam a perturbar a tarefa do Cristo ante o testemunho de amor para o qual Ele viera.

Maria era a famosa atormentada de Magdala enquanto sintonizava com os perversos obsessores que a vampirizavam. Mudando de atitude mental e de ação moral, fez-se redimir pelo amor, vinculando-se aos nobres ideais de elevação, com que ascendeu dos pélagos traiçoeiros às cumeadas do planalto da paz.

Saulo, vitimado pelo despeito e pelo ódio, deu-se campo mental aos opositores do Cristo, saindo a matar... Convertido, adotou o nome de Paulo e, renascendo dos próprios escombros, viu o Mundo espiritual elevado no qual passou a viver psiquicamente, superando-se no sacrifício, na dedicação, até o momento do glorioso holocausto.

❈

Na mediunidade, a sintonia exerce o comando do fenômeno.

Estuda os teus registros mediúnicos e aplica-os na construção do bem, mantendo com os Espíritos superiores o contato permanente que te elevará acima de todas as vicissitudes, plenificando-te desde já.

54

Ação e trabalho

Ínsito nas leis da Natureza, podemos considerar o trabalho como toda ação positiva que objetiva crescimento e conquista de valores.

Não circunscrito apenas ao âmbito da vida humana, onde, não poucas vezes, é tido como punição injustificável, é o trabalho, nos vários reinos da Natureza, o fomentador do progresso e o desencadeador das realizações enobrecidas.

Sem ele a vida tenderia ao caos e o homem ficaria detido em condição inferior, imobilizado e retrógrado, reagindo à felicidade para a qual foi criado.

Não apenas como trabalho devem ser considerados os esforços válidos para a conquista do pão e do vestuário, do lar e da saúde, senão, também, o esforço que se converte em beleza e que as artes consubstanciam em realidades dignificadoras.

O trabalho são as mãos do Obreiro Divino agindo sem cessar.

Trabalha o homem, mediante as ações no campo da inteligência e da força, quanto o Espírito, no processo de desenvolvimento das aptidões que nele jazem latentes.

✤

Nas faixas mais primárias da vida, o trabalho provê as necessidades da sobrevivência, da procriação, avançando, no homem, para as atividades do enriquecimento, pela cultura e sublimação pelo amor.

Na carpintaria de José, o Filho do Homem agia com a mesma desenvoltura com que trabalhava corações e mentes fascinados, que O ouviam nas tardes mornas da Galileia ou nas noites desertas e estreladas de Cafarnaum, quando Ele erguia, na Terra, o "Reino de Deus".

✤

Ama o trabalho e serve sem descanso.

Trabalhando o grão, a terra se reverdece e enflora.

Trabalhando o caráter e educando-se, o Espírito supera os limites e avança para Deus.

O trabalho é o teu passaporte para a Pátria espiritual.

Seja em qual circunstância for, age com dignidade, produzindo para o bem. Este trabalho te constituirá o aval de liberação no processo do teu crescimento espiritual.

✤

Melhor será que a desencarnação te surpreenda cansado e exaurido, porém com as mãos na charrua do trabalho dignificante, do que na poltrona cômoda da ociosidade. Mesmo porque, embora saindo do corpo pela morte, entrarás na vida pelas mãos do trabalho do Pai, que te espera, a fim de que prossigas trabalhando quanto Ele trabalha, e Jesus até hoje, na ação do bem sem limite, também trabalha.

55

AMOR E CARIDADE

Sem o amor, a caridade desapareceria da vida, tanto quanto sem a caridade o amor feneceria no mundo.

O amor é meio.
A caridade é fim.

O amor é combustível.
A caridade é luz.

O amor é trigo.
A caridade é pão.

O amor é bênção.
A caridade é vida.

O amor ensina.
A caridade realiza.

O amor propõe.
A caridade produz.

Sem o amor de Deus, que tudo vitaliza, a caridade de Jesus para conosco não nos alcançaria.
Amor sempre.
Caridade sem cessar.

✻

Diante da impiedade e da delinquência, pergunta ao amor o que deves fazer: ele te induzirá à ação da caridade.

Sob injunções ingratas e dores que acreditas não merecer, propõe ao amor como te deves conduzir; ouvirás a sua palavra incentivando-te à caridade da paciência.

Sofrendo incompreensão e dificuldade nas lutas rudes que te maceram interiormente, inquire ao amor qual a solução; sentirás o impulso da caridade iluminar-te os sentimentos.

Perseguido ou malquerido, sob açoites externos ou crucificado em traves invisíveis, ausculta o amor e produze na caridade.

O amor abrir-te-á sempre as portas da paz, enquanto a caridade levar-te-á pelas mãos ao termo da batalha redentora.

Nunca te situes longe do amor; jamais te apartes da caridade.

Na cruz ignominiosa, o Senhor sem culpa nem mácula prosseguiu amando, e porque se recordasse de Judas, afligido pelos remorsos insanos, rogou a Deus perdão para ele e todos nós em luminosa lição de imorredoura caridade, permanecendo até hoje trabalhando pela nossa felicidade.

56

No rumo do alvorecer

Término do processo biológico, a morte não encerra o fim da vida.

Transforma-se a matéria, enquanto o ser espiritual prossegue, jornada afora, na inelutável experiência da evolução.

O fenômeno da morte é inevitável ocorrência da expressão orgânica.

A vida, todavia, não se encontra adstrita apenas ao impositivo celular, que se aglutina e se dissocia sem que constitua a realidade legítima.

O corpo é indumentária transitória com a finalidade específica de proporcionar ao Espírito experiências e valores no relacionamento humano, em cujo labor aprimora conquistas relevantes, supera atavismos inferiores, alça-se ao amor em plenitude.

Natural que, periodicamente, graças ao desgaste espontâneo, fiquem os despojos físicos, enquanto outros equipamentos serão elaborados para futuras jornadas reencarnacionistas...

A morte, em consequência, é apenas interrupção da aprendizagem terrestre, no veículo carnal, projetando o educando em novas classes, na *Universidade da Vida*.

Não se interrompem os labores ante a morte, nem cessam os sentimentos de amor ou de mágoa.

Morrer é transferir-se de situação, sem que se saia da vida real. Pelo contrário ocorre: a morte leva à plenitude do ser que, despojado dos implementos mais grosseiros, melhor se expressa e sente.

O desaparecimento da forma, de maneira alguma anula a realidade do Espírito.

❋

Habitua-te ao pensamento da morte que um dia te ocorrerá ao corpo somático.

Considera a precariedade da roupagem física e entesoura os valores indestrutíveis de que necessitarás mais tarde.

Pensa na possibilidade da tua desencarnação, que ocorrerá, e arma-te de valores morais com que transporás a ponte que te conduzirá à plenitude.

Assim considerando, acostuma-te à ideia da morte daqueles a quem amas, preparando-te com paz e confiança para quando tal suceder.

Enquanto estás com eles, atende-os com carinho, tem paciência nas suas horas difíceis, tolera-os mais...

Tem em mente que, após a partida desses amores, lamentarás não os teres amado suficientemente, vindo a sofrer desnecessários remorsos e descontroles emocionais.

Se já seguiram além, alguns afetos que te constituíam o alento da existência, envolve-os em ternura, evitando atirar-lhes o ácido da revolta, em face do teu desespero, que os atingirá.

Recorda-os com saudade, respeito, evocando as horas felizes que te propiciaram e falando-lhes, sem palavras, sobre o reencontro que virá depois.

Em sua homenagem auxilia, perdoa e serve aos que marcham ao teu lado em carência de qualquer tipo, e eles, os teus amores hoje livres, receberão o teu carinho com alegria, estabelecendo vínculos de intercâmbio psíquico, no qual o amor se faz o eficaz mensageiro.

Nunca enfrentes a morte com as armas do desespero nem as da indiferença.

Mantém a dignidade ante esse importante fenômeno da vida e prossegue em paz.

Por mais sombrias sejam as horas angustiantes da tua ou da morte de um ser amado, recorda a madrugada luminosa da ressurreição.

Envolve-te na luz da prece e abre-te ao sol do bem, caminhando no trânsito da vida física com a tranquilidade consciente de quem vara a noite no rumo do alvorecer, e não temas, não te desesperes, não te angusties, prosseguindo feliz.

57

VIDA EM FAMÍLIA

Os filhos não são cópias xerox dos pais, que apenas produzem o corpo, graças aos mecanismos do atavismo biológico.

As heranças e parecenças físicas são decorrências dos gametas, no entanto, o caráter, a inteligência e o sentimento procedem do Espírito que se corporifica pela reencarnação, sem maior dependência dos vínculos genéticos com os progenitores.

Atados por compromissos anteriores, retornam, no lar, não somente aqueles seres a quem se ama, senão aqueloutros a quem se deve ou que estão com dívidas...

Cobradores empedernidos surgem na forma fisiológica, renteando com o devedor, utilizando-se do processo superior das Leis de Deus para o reajuste de contas, no qual, não poucas vezes, complicam-se as situações, por indisposição dos consortes...

Adversários reaparecem como membros da família para receber amor, no entanto, na batalha das afinidades padecem campanhas de perseguição inconsciente, experimentando o pesado ônus da antipatia e da animosidade...

A família é, antes de tudo, um laboratório de experiências reparadoras, na qual a felicidade e a dor se alternam, programando a paz futura.

Nem é o grupo da bênção, nem o élan da desdita.

Antes é a escola de aprendizagem e redenção futura.

Irmãos que se amam, ou se detestam, pais que se digladiam no proscênio doméstico, genitores que destacam uns filhos em detrimento de outros, ou filhos que agridem ou amparam pais, são Espíritos em processo de evolução, retornando ao palco da vida física para a encenação da peça em que fracassaram no passado.

A vida é incessante, e a família carnal são experiências transitórias em programação que objetiva a família universal.

❀

Abençoa, desse modo, com a paciência e o perdão, o filho ingrato e calceta.

Compreende com ternura o genitor atormentado que te não corresponde às aspirações.

Desculpa o esposo irresponsável ou a companheira leviana, perseverando ao seu lado, mesmo que o ser a quem te vinculas queira ir-se adiante.

Não o retenhas com amarras de ódio ou de ressentimento. Irá além, sim; no entanto, prossegue tu, fiel, no posto, e amando...

❀

Não te creias responsável direto na provação que te abate ante o filho limitado, física ou mentalmente.

Tu e ele sois comprometidos perante os Códigos Divinos pelo pretérito espiritual.

O teu corpo lhe ofereceu os elementos com que se apresenta, porém, foi ele, o ser espiritual, quem modelou a roupagem na qual comparece para o compromisso libertador.

Ante o filhinho deficiente, não te inculpes. Ama-o mais e completa-lhe as limitações com os teus recursos, preenchendo os vazios que ele experimenta.

Suas carências são abençoados mecanismos de crescimento eterno.

Faze por ele, hoje, o que descuidaste antes.

A vida em família é oportunidade sublime que não deve ser descuidada ou malbaratada.

Com muita propriedade e irretorquível sabedoria, afirmou Jesus ao doutor da Lei:

"Ninguém entrará no Reino dos Céus, se não nascer de novo."

E a Doutrina Espírita estabelece com segurança: "Nascer, morrer, renascer ainda e progredir sempre – tal é a Lei. Fora da caridade não há salvação."

58
Não está aqui

Não poderia haver lugar para Jesus no mundo. "Filho de Deus", o Seu era o lugar no sublime comando da Humanidade.

Revertendo a ordem dos valores egoístas e ensinando a fraternidade legítima, não poderia ser aceito nem compreendido sequer pelos que O seguiam.

Luz imperecível em sombra densa, atraía e enceguecia por momentos. Dosada pelo amor dominaria os corações, lentamente, para todo o sempre.

Chegando a hora das grandes e arbitrárias dominações, que ainda persistem nos países inquietos da Terra e nas mentes intranquilas das criaturas, era o semeador de estrelas em noite de trevas, a fim de que jamais houvesse medo e obscurantismo.

Toda a Sua carga de emoção fazia-se um claro duradouro de amor com que ofereceu dignidade à vida, num abundante enriquecer de esperanças.

Lembra-te do amor de Jesus em todas as horas da tua vida e ama sem desfalecimento.

Em soledade ou em abandono, ama.

Sob o açodar da alheia impiedade ou perseguido sem descanso, ama.

Colhido por incompreensões ou silenciado pelo vozerio dos tumultos violentos, ama.

Prossegue amando, sem preocupar-te com retribuições nem aplausos.

Sofrendo, porém, amando.

Se todos, amigos e conhecidos, ficarem contra ti, permanece a favor do bem, sem dúvida, favorável a eles.

Maltratado, não revides.

Ignorado, não te rebeles.

A árvore podada mais reverdece e o grão, esmagado na cova escura, explode em vida.

Jesus é Vida.

❄

Após todas as tribulações, sevícias e dilacerações, Ele continuou afável.

Abandonado pelos comensais das Suas horas de mansidão e de misericórdia, não os repreendeu.

Em poucos dias o triunfo da entrada na cidade e o triunfo eterno, na cidade que pensava matá-lO...

Os enganosos júbilos do domingo não O emularam, antes O fizeram triste, quando os outros sorriam.

Sem embargo, diante das lágrimas de saudades dos que O buscavam no túmulo, Ele se encontrava em glória real na Vida.

– Que viestes ver? – inquiriram os seres angélicos a Maria de Madalena. – Ele não está aqui.

Jesus encontra-se, sem dúvida, a céu aberto, pelo mundo, renovando a psicosfera terrena e albergando os sofredores no Seu coração.

Segue-O tu.

Faze o mesmo que Ele prossegue fazendo, sem reclamar, nem desanimar nunca.

59

MOMENTO DE GRATIDÃO

Não postergues indefinidamente o teu momento de gratidão.

Sorris e amas, trabalhas e sofres, renuncias e cresces, sonhas e progrides bendizendo a vida. No entanto, muitas vezes asfixias, na garganta, a palavra de reconhecimento que o afeto te ergue do coração aos lábios, sem que a deixes cantar o hino de louvor que pode modular com felicidade.

Atrais amigos e conquistas pessoas; padeces dores, que buscas dissimular no vaivém dos deveres cotidianos; crês-te em soledade ante as provações que te camartelam as horas. Sem embargo, há alguém que chora contigo, sem que lhe vejas as lágrimas; que te acompanha por toda parte, sem que lhe percebas a presença; que faz silêncio e passa com discrição pelo teu caminho; que ilumina as tuas horas com as estrelas sublimes da oração, nada te exigindo, não te perturbando, fazendo espaço para ti, porque a sua é a tua alegria e tudo por quanto anela é ver-te feliz.

Gasta-se, na luta, como uma chama que brilha, porém consome combustível, a fim de que não falte claridade onde te encontras; oculta as próprias dores, de modo a não te afligir; extenuando-se no trabalho, emoldura o lar com alegria e repleta-o com a esperança de paz, de forma que os teus conflitos aí se asserenem.

Ouve-te sem queixas, e, quando te desequilibras, sempre te oferta o bálsamo da renovação na taça da paciência, que transparece em cada palavra e gesto, sem reproche, nem azedume.

Há momentos em que se converte em anjo protetor, sustentando-te as horas; doutras vezes, faz-se o apoio das tuas aspirações como alicerce que passa desconhecido; quase sempre realiza a sua e parte da tua tarefa sem chamar a atenção, nem cobrar qualquer contributo.

Porque nunca te defrauda nem deixa que te falte qualquer coisa, não lhe valorizas o sacrifício, a pontualidade, a permanente ação benéfica.

Dessa forma, não lhe vês os vincos da dor silenciosa, a palidez das renúncias constantes, nem as lágrimas que lhe aljofram os olhos.

Momentos houve em que quiseste dizer-lhe mil palavras de carinho e doar-lhe toda a ternura que represas n'alma.

Sufocaste, porém, o arroubo, ante a equivocada reflexão de que ela o sabe.

O amor abastece a quem ama e àquele que é amado. Todavia, é necessário doá-lo, demonstrando que o seu potencial tem vida e direção. Se o ser amado tem conhecimento, melhor será que o confirmes, que o expresses, que enriqueças com as tuas vibrações a pessoa a quem o doas.

Faze isso com a tua Mãezinha.

Não aguardes que ela te solicite carinho. Dá-lho, conforme a ti ela o oferece.

Não adies o momento de dizer à tua mãe quanto a amas, como dela dependes, o tanto que a necessitas.

Se deixas para fazê-lo depois, pode suceder que, ao intentares, seja tarde, muito tarde para que o logres.

Fala-lhe hoje sobre a tua imensa ternura e gratidão, envolvendo-a em bênçãos de amor filial.

Ela sorrirá, e, na explosão do júbilo de que se verá possuída, verterá transparente cortina líquida de emoção, falando-te, trêmula e ditosa:

Meu filho, meu filho, tu me honras em demasia e eu reconheço não o merecer, porquanto sou apenas tua mãe.

60

Insuperável amor

O momento fazia-se grave e as circunstâncias apresentavam-se negativas.

Os ódios incidiam virulentos, grassando entre as várias facções que se hostilizavam reciprocamente, somando-se contra o conquistador romano que humilhava a raça, desrespeitando os costumes e as tradições mais antigas.

Intrigas e disputas cruéis acendiam vorazes desejos de vingança, a que se atiravam, quanto lhes permitiam as oportunidades, dos homens fazendo chacais sanguissedentos.

As esperanças de consolação e os anelos de paz cediam lugar ao desalento e à revolta surda que ensombreciam as vidas.

O culto religioso repetia as fórmulas da ortodoxia longe dos sentimentos de legítima adoração a Deus e de respeito ao homem, enquanto as ambições políticas substituíam as expressões da verdadeira fraternidade.

A bajulação e o servilismo rebaixavam o homem às manifestações primárias do atrevimento e da vil hipocrisia.

A dúvida e o desinteresse pelo "Reino dos Céus" tomavam os lugares da fé ardente e da fidelidade aos deveres espirituais, que ficavam à margem, nos cultos e ritos externos, sem o sentido de profundidade.

O silêncio da Espiritualidade traduzia o abismo a que se arrojaram o povo e os seus condutores tresvariados.

Nos momentos de maior provação, Israel sempre ouvira a boca profeta e sentira nas carnes da alma o apelo da Vida triunfante através dos mais categorizados mensageiros.

Não agora, porém.

A caravana dos desalentados era conduzida pela argúcia dos ambiciosos desmedidos.

Esse era o clima emocional e tais as condições dominantes...

Subitamente, na capital do Império, as musas corporificaram-se e um período de prosperidade e beleza, de cultura e de arte distendeu-se sobre a Terra...

Mãos angélicas entreteciam a túnica de ternura para o noivado que logo mais se iniciaria entre as criaturas sofredoras e o Amado.

A belicosidade geral amainou e os ventos de branda alegria começaram a soprar por toda a parte, amenizando a ardência das paixões dissolventes.

Nesse hiato de harmonia nasceu Jesus.

Na paisagem agridoce de uma noite fria e estrelada, o Conquistador mergulhou nos fluidos densos do mundo terrestre, a fim de que nunca mais houvesse sombras...

Discreto, como o sutil perfume das flores silvestres, impregnou a Natureza e penetraria, pelo futuro afora, a sensibilidade das almas.

Nenhum alarde nem anúncios bombásticos expressaram a Sua chegada.

Entre os animais domésticos e humildes pastores que O visitaram, deu início à mais excepcional experiência de todos os tempos: a eloquente realização do amor sem fronteiras nem dimensão.

As vozes que O cantaram foram percebidas somente na acústica da alma, e os olhos que O identificaram estavam além das dimensões físicas.

Nunca mais a Sua presença seria diluída na mente humana ou na Terra.

Campeiem as misérias humanas ou triunfem as urdiduras temporárias do mal, da astúcia e da loucura; predominem as acirradas lutas da ignorância e da arbitrariedade; permaneçam as encarniçadas paixões de domínio e orgulho, de poder e glória passageira, Jesus é o vencedor da morte, do tempo, Vida permanente expressando triunfo real.

Desde o Seu berço até hoje, por mais que se haja procurado sepultá-lO no olvido, nas liturgias retumbantes, nos cultos da opulência, ou se deseje colocá-lO a serviço dos interesses mesquinhos e subalternos, ei-lO renascendo sempre, pulcro e ideal, nos corações transformados em novas manjedouras de Belém, para que não tarde demasiadamente o momento da união nupcial da criatura humana com Ele, no Seu Reino de insuperável amor.

Impressão e Acabamento | Gráfica Viena
Todo papel desta obra possui certificação FSC® do fabricante.
Produzido conforme melhores práticas de gestão ambiental (ISO 14001)
www.graficaviena.com.br